祇園祭と戦国京都

改訂

河内将芳

法蔵館文庫

本書は二〇〇七年六月三〇日、角川学芸出版より刊行された。

目次

おわりに　249

改訂　祇園祭と戦国京都

はじめに

京都の夏祭のなかで、もっとも多くの人びとが押しよせる祭をあげるとすれば、それは、祇園祭《ぎおんまつり》をおいてほかにはないだろう。実際、毎年の報道をながめていてもわかるように、数十万人におよぶ人びとが、この祭をひとめ見ようと集まってくる。

もっとも、その人びとの大半は、七月一六日、あるいはその前日の一五日の夕方から深夜にかけて、夜の明かりに照らされた山《やま》や鉾《ほこ》を見物しながら、道筋に立ちならぶ夜店や露店をめぐってゆく、宵山《よいやま》や宵々山とよばれるものを楽しみにしているように思われる。

だから、宵山や宵々山をおとずれた人びとが、その翌日、七月一七日の朝からおこなわれる山鉾巡行《やまほこじゅんこう》までを見物しているのかどうかという点については、あやしいといわざるをえない。

しかしそれでも、この山鉾巡行にも、毎年、十数万人におよぶ人びとの見物があると報道されているので、祇園祭がことのほか人びとをひきつけてやまない祭であることには違いはないだろう。

現在の山鉾巡行

二〇二一年（令和三）現在、山鉾巡行に参加する山や鉾の数は、三四基（二〇二二年再興予定の鷹山を含む、図序-1）。その内訳は、まず、木でできた大きな車輪をそなえた曳《ひ》き鉾八基（船鉾・大船鉾を含む）と曳き山四基（鷹山を含む）、ついで、大きな風流傘《ふりゅうがさ》を中心とした傘鉾《かさほこ》二基、そして、本来は神輿のように担いで移動させていた舁《か》き山二〇基となる。

舁き山の数が二〇基であることからもわかるように、京都の祇園祭山鉾巡行は、造山《つくりやま》（作り山）とか造物山《つくりものやま》（作り物山）とよばれる、趣向をこらした人形（ご神体とよばれている）や物を配置した山が多数をしめる祭礼といえる。一般には、鉾のほうがめだつ印象をもたれているが、じつは、圧倒的に山のほうが多いことには、あらためて注意しておく必要があろう。

それはそれとして、三四基におよぶ山や鉾が巡行する以上、その順番が常に問題になったであろうことは、容易に想像がつく。そのため祇園祭では、よく知られているように、この順番を古くより籤取り《くじと》（鬮取り）で決めてきた。

現在は、毎年、七月二日に京都市役所でその籤取りがおこなわれており、報道もされているので、一度は耳にしたこともあるかもしれない。ただ、三四基の山鉾すべての順番がこの籤取りによって決められるのかといえば、そうではない。籤取らずとよばれて、籤を

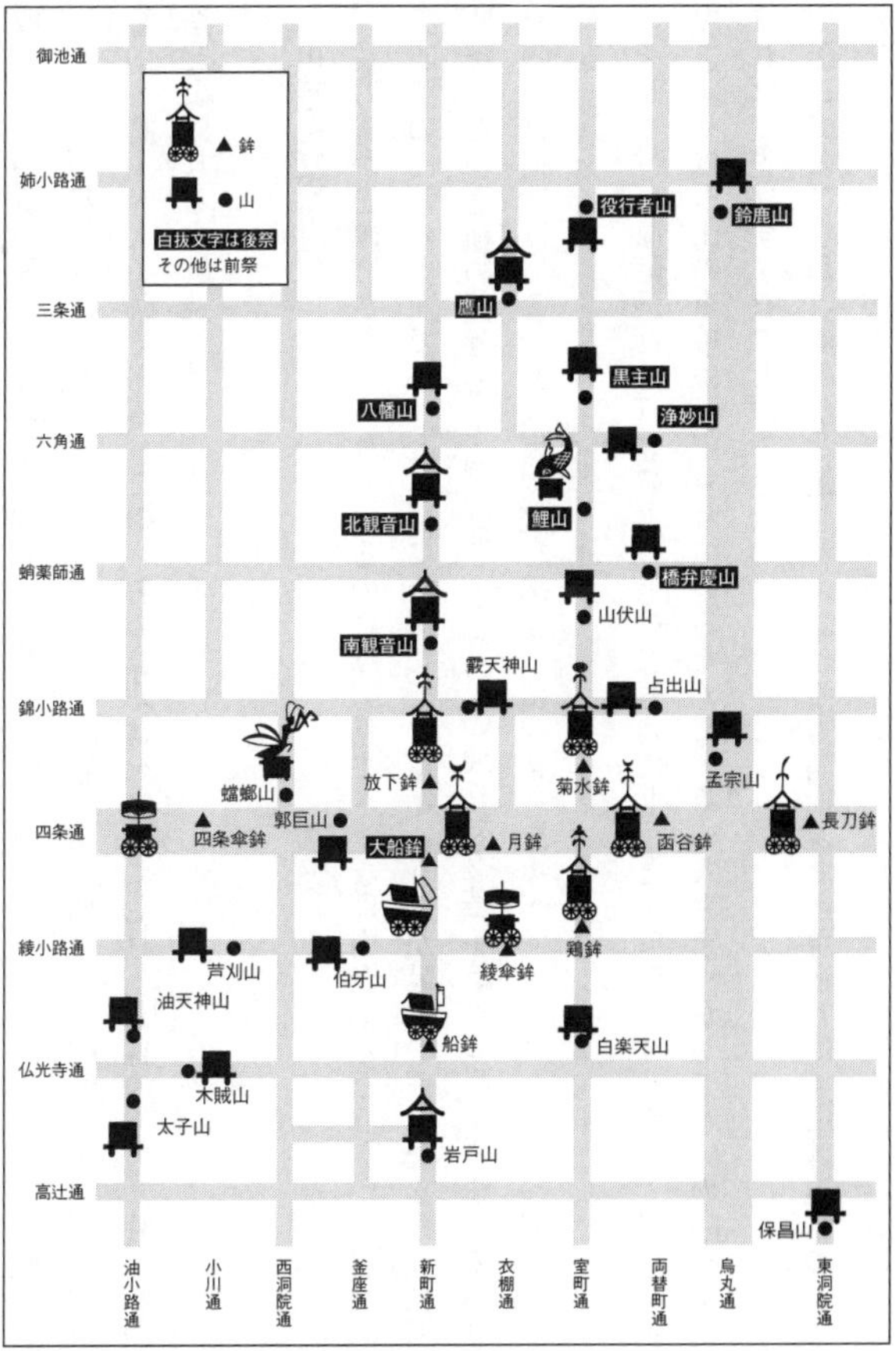
御池通
姉小路通
三条通
六角通
蛸薬師通
錦小路通
四条通
綾小路通
仏光寺通
高辻通
▲鉾
●山
白抜文字は後祭
その他は前祭
役行者山
鈴鹿山
鷹山
黒主山
八幡山
浄妙山
北観音山
鯉山
橋弁慶山
山伏山
南観音山
霰天神山
占出山
孟宗山
放下鉾
菊水鉾
蟷螂山
郭巨山
四条傘鉾
大船鉾
月鉾
函谷鉾
長刀鉾
芦刈山
伯牙山
綾傘鉾
鶏鉾
油天神山
船鉾
白楽天山
木賊山
太子山
岩戸山
保昌山
油小路通
小川通
西洞院通
釜座通
新町通
衣棚通
室町通
両替町通
烏丸通
東洞院通

図序－1　現在の山鉾（鷹山を含む）配置図

取らず、順番が固定している山鉾も一〇基あるからである。

その一〇基とは、長刀鉾《なぎなたほこ》・函谷鉾《かんこほこ》・放下鉾《ほうかほこ》・岩戸山《いわとやま》・船鉾《ふねほこ》・北観音山《きたかんのんやま》・南観音山・橋弁慶山《はしべんけいやま》・鷹山《たかやま》・大船鉾《おおふねほこ》である。このうちの長刀鉾を先頭に七月一七日の午前九時ころから前祭《さきまつり》とよばれる山鉾巡行ははじめられる。

山鉾巡行の道筋

長刀鉾が先頭とさだめられているのには、さまざまな理由があるだろうが、現実的には、三四基の山鉾のなかでもっとも東に位置しているというのが最大の理由だろう。長刀鉾は、四条通《しじようどおり》という横の通りと東洞院通《ひがしのとういんどおり》という竪《たて》の通りの交差するところに所在しており、前祭の山鉾巡行は、この四条東洞院を出発点に四条通を東へすすむことになっているからである。

そして、河原町通《かわらまちどおり》という竪の通りとの交差点で北へと方向転換するが、とはいっても、曳き鉾や曳き山の車輪は固定されているため、多くの人手をつかって本体の向きを変えなければ、先にすすむことはできない。

そこでおこなわれるのが辻廻《つじまわ》しとよばれる方向転換で、現在では、山鉾巡行のみどころのひとつとされている。そのため、四条河原町の交差点には、朝早くから場所取りまでして、この辻廻しを待ちかまえる見物人も少なくないという。

河原町通を北にすすんだ山鉾は、今度は御池通《おいけどおり》という横の通りとの交差点で、西へと方向転換するため辻廻しをおこなう。この河原町御池もまた、辻廻し見物のスポットとされており、そのことも関係するのだろう、この御池通にだけ有料の観覧席がそなえられている。

戦後におこった大きな変化

このように、前祭の山鉾巡行の道筋は、四条東洞院を出発点に、四条通を東へ、河原町通を北へ、そして御池通を西へという、おおよそコの字形のルートを二回の左折をまじえ、南から北へとすすむものであることがわかる。

ただし、前祭の山鉾がこのような道筋をすすむようになったのは、それはど古い話ではない。確認できる範囲でも、中世以来の道筋は、四条通を東にすすんだのち、寺町通《てらまちどおり》を南下、その後、松原通《まつばらどおり》を西にすすむものだったからである。

それが大きく変更され、寺町通を北上したのちに御池通を西にすすむようになったのは、一九五六年（昭和三一）のこと、そして、北上する道筋が寺町通から河原町通へと変更されたのは、それから五年後の一九六一年（昭和三六）のことになる。

つまり山鉾は、それまで、原則として、北から南へ、あるいは右折のみによって巡行してきたのが、このときを境に、それまでとはまったく逆に、南から北、そして左折することによって、現在のすがたへと変貌することになった。

しかも、一九六六年（昭和四一）には、それまで、ふたつのグループに分かれて、七月一七日と二四日の二度にわたっておこなわれていた巡行も一七日の一度に合同しておこなわれるようになる。それ以前、七月一七日（旧暦六月七日）の巡行は前祭《さきまつり》、そして、二四日（旧暦六月一四日）の巡行は後祭《あとまつり》とよばれてきたが、これらもこのときを境にして、事実上、一本化されてしまうことになった。

それからおよそ五〇年のあいだ山鉾巡行は、七月一七日の一度きりというかたちがつづくことになる。それがふたたび二度に分けられておこなわれるようになったのは、二〇一四年（平成二六）のこと。およそ半世紀にもわたって一度きりの山鉾巡行に慣れ親しんできた人びとにとっては、本来のかたちがむしろ新鮮にみえたことであろう。

近年、戦後の日本社会は、終戦よりも、一九六〇年代の高度成長期を境に大きく変貌をとげたといわれている。このような点からすれば、祇園祭もまた、この高度成長期の荒波をうけて、大きく変貌をとげた祭礼といえるのかもしれない。

解体される山鉾と疫神遷却

ところで、巡行を終えた山や鉾は、それらを維持・管理してきたおのおの山町《やまちょう》・鉾町《ほこちょう》へとかえってゆくが、各町にもどってきた山や鉾は、またたくまに解体・収納されてしまう。巡行を終えた山鉾をじっくり見物しようと思っても、みる間に骨組みだけとなり、しまいには、その骨組みさえ解体されて、跡形もなくなってしまう。

あれほどみごとにかざられたのに、なんとももったいないと思ってしまいがちであるが、じつは民俗学では、ここに山鉾に託された重要な意味があるとされている。山も鉾も、本来は人びとが見物するためにつくられたものではなく、疫病をひきおこす疫神《えきしん》や御霊《ごりょう》を遷却《せんきゃく》(なぐさめて送りだす)するためにつくられたものとされているからである。

現代と同様、前近代の社会においてもさまざまな災害がおこったが、とりわけ人びとに恐れられていたのが、疫病の流行であった。近代的な医学が未発達な時代においては、ウイルスや細菌によってまたたくまに広がりをみせる疫病や伝染病に対して、人びとはなすすべもなかったからである。

そのようななか、唯一、人びとがとることのできた防衛策が、風流拍子物《ふりゅうはやしもの》であった。風流拍子物とは、民俗学によれば、「神霊《しんれい》の送迎、なかでも疫神など災いの遷却を願う、囃《はや》すという行為から出た群衆の躍り」であり、「芸能としての特質は、鞨鼓《かっこ》などの打ち物系の楽器を踊り子が自ら打ち踊り、そして移動するところにあって、風流をその特色」としたという。

ここでいう風流とは、「もと美麗な装束や細工物《さいくもの》をいったが、転じて趣向を凝らした出で立ち、仮装、仮装と一体の物まね、あるいは各種の作り物を意味し、それらを特質とする拍子物（躍り）をもっぱら風流とよぶに至った」とされている。

そして、「風流拍子物は、鉾・笠鉾《かさほこ》・作り山や仮装の者が主体であり、それらは拍子に囃されて移動するのを特質とした。囃される作り物は神霊の依《よ》り付く座《くら》であり、神霊の動《どう》座《ざ》を具現するのである。したがって、その作り物はその度ごとに新作され、終われば破却された(1)」という。

要するに、疫神の依りついた山や鉾は、本来ただちに破却しなければならないものであった。それが京都の祇園祭の場合、山や鉾の趣向や風流が固定化するのにともなって、毎回、破却するわけにもゆかず、すばやく解体することによって、そのかわりにしたというのである。

このような意味からすれば、祇園祭山鉾巡行は、あくまで疫神を遷却することを目的に、山や鉾が巡行する地域、つまりは中世以来、下京《しもぎょう》とよばれてきた地域に根ざした祭礼といえる。したがって、京都全体の祭などではもともとなかったことにも注意が必要であろう。

現在の神輿渡御

こうして無事、山鉾巡行が終われば、祇園祭もこれでしまいかと思って帰路をいそぐ人びとが多いが、さにあらず。というよりむしろ、ここからが、祇園祭という祭礼の本番となる。

山鉾巡行の終了した七月一七日（旧暦六月七日）の夕刻、八《や》坂神社《さかじんじゃ》（江戸時代までは、祇《ぎ》園社《おんしゃ》とよばれた）から、三基の神輿が、四条寺町にある御《お》旅所《たびしょ》へと渡《と》御《ぎょ》（移動）する大事な祭事がおこなわれるからである。

現在、これを神幸祭《しんこうさい》とよんでいるが、三基の神輿に乗せられて渡御してきた三柱《はしら》の神々（現在は中御《なかご》座《ざ》・東御《ひがしご》座《ざ》・西御《にしご》座《ざ》とよばれている）は、これから七日のあいだ、御旅所に鎮座する。だから、この間は建前として神社は留守であり、お参りしようと思えば、御旅所のほうに来なければならない。実際、中世の史料をみていると、この時期、人びとは御旅所（現在地とは異なるが）に参詣している。

そして、それから七日たった七月二四日（旧暦六月一四日）の夕刻に三基の神輿は、ふたたび神社へと渡御する。これを現在、還幸祭《かんこうさい》とよんでいる。この還幸祭と神幸祭をあわせて神輿渡御とよぶが、古くは、神幸祭のことを「神輿迎《みこしむかえ》」、そして、還幸祭のことを「祇《ぎ》園御霊会《おんごりょうえ》」「祇《ぎ》園会《おんえ》」とよんだ。つまり、祇園祭（祇園会）とは、厳密にいえば、還幸祭のことを指していたのである。

神輿渡御と御旅所

　この神輿渡御にくらべれば、山鉾巡行の歴史は浅い。前祭の日が神幸祭のおこなわれる七月一七日、後祭の日が還幸祭の二四日であったことからもわかるように、山鉾巡行は、いわば神輿渡御に付随するかたちで登場してきたのであった。

　そのこともあって、山鉾巡行と神輿渡御は、現在でも、そのにない手を異にしている。山鉾が、山町・鉾町とよばれる下京の町々によってになわれてきたのに対し、神輿のほうは、現在、中御座が三若神輿《さんわかしんよ》会《かい》、東御座が四《し》若神輿《わかしんよ》会《かい》、西御座が錦神輿会《にしきしんよかい》という特定の団体によってになわれるようにである(2)。

　また、神輿渡御の道筋も当然、山鉾巡行のそれとは異なっている。もっとも、こちらは、年どしによって変更されているというのが現状のようである。のちにもくわしくみるように、少なくとも江戸時代までは中世以来の道筋を踏襲していたが、いつのころからか、現状のように複雑な道筋をたどるようになった(3)。

　とはいえ、それでもかならず立ちよるところも残されている。その代表が、高辻通《たかつじどおり》という横の通りと烏丸通《からすまどおり》という竪の通りが交差するところに所在する八坂神社大政所《おおまんどころ》御旅所という小さな社である。なぜそのような小さな社に神輿が立ちよるのかといえば、ここには、かつて大政所御旅所という御旅所があったからであった。

現在、御旅所は、四条通と寺町通の交差したあたり、四条寺町（四条京極《きょうごく》）にある。ただし、これは、豊臣秀吉の時代に、それ以前の御旅所が移転させられてできたものであり、その移転させられた御旅所のひとつが大政所御旅所であった。しかも、この御旅所は、神輿渡御発祥の地として知られている。

図序－2　八坂神社の御旅所（明治43年）

つまり、現在、八坂神社大政所御旅所のある場所こそ、祇園祭発祥の地だったのであり、そのため、今なお神輿渡御では、この小さな社に立ちよることを欠かさずにいるのである。

冬の祇園祭

以上、ここでは、現在の祇園祭にかかわる基本的なことがらについてふれてきた。

ここでわざわざ現在の祇園祭のことにふれたのは、これからみてゆこうとする戦国時代の祇園祭との違いを明確にするため必要と考えたためである。それでは、その戦国時代の祇園祭とは、いったいどのようなものだったのだろうか。

そのことを具体的にみてゆくまえに、まずは、著者が以前書いたひとつの新聞記事の紹介からはじめることにしよう。

冬に祇園祭の話を切り出すと、おそらくほとんどの人びとが季節はずれな話題をもち出すものだと思うにちがいない。ところが、戦国時代の祇園祭では、けっしてめずらしいことではなかった。

たとえば、当時の公家の日記などをひもといてみると、大永《たいえい》三年（一五二三）、大永五年（一五二五）、天文《てんぶん》元年（一五三二）、天文四年（一五三五）、天文七年（一五三八）、天文一八年（一五四九）、弘治《こうじ》三年（一五五七）、永禄《えいろく》元年（一五五八）、永禄三年（一五六〇）、永禄一〇年（一五六七）、元亀《げんき》二年（一五七一）には、一一月や一二月などに祇園祭がおこなわれたという記事を見いだすことができる。

一一月や一二月といっても旧暦だから、現代より少しは春に近いとはいえ、まだまだ肌寒かったであろう。実際、天文元年のときには、雪が降るなかを神輿が祇園社（八坂神社）から御旅所へと渡った。

本来の祇園祭の式日《しきじつ》は、旧暦の六月七日と一四日（現在は七月一七日・二四日）だから、かなりのズレがあったわけだが、このズレは、戦国時代ではひんぱんにおこっていた。

たとえば、一一月や一二月以外でも、五月・七月・八月・九月・一〇月にもおこなわれたことが確認できる。とりわけ、五月におこなわれた永正九年《えいしょう》（一五一二）の祇園祭は、前年の永正八年に実施できなかった分で、しかも、翌月の六月にも祭がおこなわれたから、この年には二度も祇園祭がおこなわれたことになる。

現代では想像もできないようなことが、戦国時代の祇園祭にはおこっていたわけだが、このように、式日の旧暦六月に祭がおこなわれなかった最大の理由として、当時の史料の多くが指摘しているのが、日吉祭《ひよしまつり》がおこなわれなかったり、延期されたことにともなって、祇園祭もまた中止や延期になったというものである。

中世、祇園社は、比叡山延暦寺《ひえいざんえんりゃくじ》や日吉社（日吉大社）の末寺・末社となっていたから、本社の祭がおこなわれていないのに、末社の祇園祭だけがおこなわれることはゆるされないといった意識や圧力があったのだろう。

とくに、延暦寺の三塔《さんとう》（東塔《とうとう》・西塔《さいとう》・横川《よかわ》）に拠る大衆《だいしゅ》（いわゆる僧兵など）は、室町幕府に強く訴えたり、ときには武力を背景に祇園社へ圧力をかけることすらあった。

このことを裏づけるように、元亀二年、織田信長によって延暦寺と日吉社が焼き討ちされたことを境にして祇園祭の式日はようやく安定化してゆくことになる。

右に引用したのは、縁あって、『京都新聞』二〇〇三年（平成一五）一月一〇日の夕刊に掲載された著者の文章である。

祇園祭といえば、京都独特の蒸し暑さと、突然の雷雨にみまわれることしばしばといったイメージが定着しているため、「冬の祇園祭」という題名がめずらしかったのであろう。思いのほか多くの人びとに読んでいただけたようで、著者が記した文章のなかでも、おそらくもっとも反響があったものと思われる（もっとも、それでも片手にあまるぐらいではあるが）。

戦国時代の祇園祭に対するイメージ

じつは、この文章を書くまえから、戦国時代の祇園祭に関する勉強を少しずつはじめていた。中世京都、とりわけ戦国時代の京都の歴史に関心をもつものであれば、祇園祭は、おそらく一度はとり組んでみたいと考える対象である。しかしながら、実際に手をつけてみようとすると、これでなかなか、見かけの親しみやすさとは裏腹に、相当に手ごわい相手であることを実感する。

結局のところ、基本の基本からはじめなければならないと観念し、まずは、戦国時代をとおして、毎年、祇園祭がどのようにおこなわれていたのか、ひとつずつ確認してゆくなかで、右のようなことがわかってきた（一七五～一八四頁の表2参照）。

そののち、少しずつわかってきたことをいくつかの論考としてまとめ、それらを二〇〇六年（平成一八）に思文閣出版から刊行した『中世京都の都市と宗教』という論集の一部としておさめた。

専門的な内容について知りたいと思われる読者は、そちらもぜひ参照していただきたいが、今回、それらの論考もふまえて、本書でこだわってみたいと考えているのが、戦国時代の祇園祭に対する、あるひとつのイメージである。

そのイメージとは、ほかでもない、祇園祭が負わされてきた「権力に抵抗する民衆の祭礼」という、よく知られたイメージである。もっとも、このイメージ、その歴史は思いのほか古くはない。さかのぼっても、戦後まもなくというのが実際のようである。

応仁・文明の乱によって中絶した祇園祭が、乱後に再興することについては、すでに一九四三年（昭和一八）に『公同沿革史《こうどうえんかくし》』上巻（京都市公同組合聯合会、のちに『近世京都町組発達史』法政大学出版局、一九八〇年として復刻）を刊行した秋山國三《あきやまくにぞう》氏によって注目されていた。しかしながら、その再興された祇園祭が、「権力に抵抗する民衆の祭礼」としてイメージされるようになるのは、それから七年後、林屋辰三郎《はやしやたつさぶろう》氏によって、「町衆《まちしゅう》の成立」（『思想』三一二号、一九五〇年）と「郷村《ごうそん》制成立期に於ける町衆文化」（『日本史研究』一四号、一九五一年）というふたつの論文が執筆されて以降になる。

より具体的にいえば、このふたつの論文がおさめられた林屋氏の論集『中世文化の基調』と、くしくも同じ出版社（東京大学出版会）から、同じ年月日（一九五三年七月一〇日）に刊行された『祇園祭』という、一冊の本が登場して以降となろう。

それでは、問題のイメージとはどのようにしてかたちづくられるようになったのであろうか。まずは、その経緯をながめてゆくことから、本書をはじめることにしよう。

注

（1）植木行宣『山・鉾・屋台の祭り――風流の開化』（白水社、二〇〇一年）。
（2）米山俊直編著『ドキュメント祇園祭――都市と祭と民衆と』（NHKブックス、一九八六年）。
（3）注（2）参照。

第一章　イメージとしての祇園祭

1　紙芝居「祇園祭」

『祇園祭』（東京大学出版会）の刊行

一九五三年（昭和二八）、東京大学出版会から『祇園祭』と題された一冊の本（図1-1）が刊行された。製作は、民科京都支部歴史部会、そして、当時、立命館大学教授だった林屋辰三郎《はやしやたつさぶろう》氏が、「祇園祭について」という一文を寄せた構成となっている。

民科とは、一九四六年（昭和二一）に創立された民主主義科学者協会のことであり、また、民科京都支部歴史部会とは、その京都支部の歴史研究者集団を意味する。

当時、東京大学出版会に籍をおいていた山田宗睦《むねむつ》氏が、この本の編集にあたったようだが、のちにその著『職業としての編集者』（三一新書、一九七九年）のなかで、この本が刊行されるいきさつをつぎのように語っている。

林屋さんは京都民科（民主主義科学者協会）歴史部会の責任者もしていた。この部会は、歴史学研究会や日本史研究会のあいだで、独自の活動をしていた。その一つに祇園祭の紙芝居があった。祇園祭は、林屋さんが力をいれて解明した京都「町衆《まちしゅう》」の、京都自治とかかわって、発生した。この祭りには、だから、権力の側の歴史ではなく、京都の住民の歴史の相がある。

（中略）

わたしも民科東京支部の哲学部会の幹事をしていた。そのよしみもあったが、なによりも林屋史学に通じる紙芝居に興があった。それに堅牢な学術出版をしていると、もう少したのしい出版物もつくりたくなる。林屋さんから紙芝居の話をきいたときそくざに、本にしましょう、と言った。

図 1−1　『祇園祭』表紙
（東京大学出版会）

一冊の本が、人と人とのつながりのなかで生まれてくるという、いつの世でも変わることのないいとなみをここからも読みとることができるが、この本のもっとも変わっていたところとは、右の文章からも読みとれるように、一般の学術書ではなく、紙芝居を本に仕立てた点にあった。

そのため、山田氏にとっても記憶に残った本だったのだろう。そのあたりのことについて、つぎのように語っている。

> ある日、かさばった大きな包みが、東大出版会におくられてきた。紙芝居の現物がついたのである。さっそく家へもってかえり、天気のよい日、一枚一枚写真にとった。いまならカラー刷りにするところだが、自分でとったモノクロの写真を上に、その下に紙芝居の説明文を印刷し、B6版《（ママ）》の『祇園祭』（一九五三年）ができあがった。赤いつやのあるカバーにも、紙芝居の一シーンを刷りこんだ。この本は、わたしが出した本の中では異色のものであり、印象ぶかく記憶している。

こうしてできあがったのが、『祇園祭』であったが、今その現物を手にしてみると、時代のせいもあるのだろう、中味は全編モノクロで、きわめて地味なつくりにみえる。

紙芝居「祇園祭」の製作

しかしながら、この本におさめられた紙芝居は、じつは当時の歴史研究の動きを端的に示すものであった。そこでまずは、この本のまえがきからその動きを読みとってゆくことにしよう。

京都といえば誰でもすぐ思い出す祇園祭は、市民の手によって一千年もの間つゞいていますが、室町時代にその頃の市民であつた町衆の手によつて戦乱の中をまもられてきたものです。祇園祭を本当に自分たちのお祭りにしてきた町衆たちにとつて、祭をまもることは、とりもなおさず、自分たちの生活をまもることでありました。

林屋先生からこうした事を教えられたわたくしたちは、この祇園祭り《（ママ）》をまもつた町衆たちのたゝかいを紙芝居にすることにしました。

右は、まえがきのなかの祇園祭にかかわる部分をぬき出したものだが、ここからは、紙芝居をつくった研究者たちにとって、祇園祭が、「室町時代にその頃の市民であつた町衆の手によつて戦乱の中をまもられてきたもの」であり、それを「まもることは、とりもなおさず、自分たちの生活をまもること」であったという認識が共有されていたことがわかる。そして、その認識は、「林屋先生から」「教えられた」のであり、紙芝居は、「この祇園祭り《（ママ）》をまもつた町衆たちのたゝかいを」表現するためにつくったこともわかる。

しかしながら、紙芝居が、なぜ「町衆たちのたゝかい」とつながるのか、また、それよりまえに、なぜ紙芝居だったのかという点については、右の文章を含めて、まえがきから読みとることはできない。むしろ、それは、あとがきにくわしく記されている。

「僕たちはなんのために歴史学を学んでいるのだろう。」私たちのあいだでこうした疑問が起つてきた。「誰にもわからないようなむずかしい言葉を使つて論文を書くよりも、花岡物語のような紙芝居を作つて、国民のみなさんに歴史学を役立たせよう。」こんな意見をのべる人もありました。

いまからちようど一年前、あれほどみんなで反対した単独講和条約と日米安全保障条約も批准《ひじゆん》され、日本がいよ〳〵植民地になつたころのことです。

神経をいらだたせるジャズや、ケバ〳〵しいアロハシャツを見るたびに、私たちは私たちの周囲にあるもの、それまではあたりまえのように思つていた、日本のさま〳〵な行事や文化や風俗に、なにかしら手でそつとなでてみたいような親しみを感ずるようになりました。

長いあいだ私たちの祖先が、生み育ててきたもの、そのなかに私たちはもつととけこんでそれを生みだす悩み、それをまもる苦しみをはつきりとみつめよう。祇園祭一つとっても、これは町の人々が権力とのたゝかいを通してまもってきたものだ。そうだ祇園祭を紙芝居にしようじゃないか。

こうして私たちは歴史学研究会の大会をめざして紙芝居を作りはじめました。

中盤にみえる一連の文章は、研究者もまた時代の子、現代の目からみれば、政治的な立場をあらわにしているという点ではげしいものに映るが、ここではそのような点には注目しない。注目しなければならないのは、むしろそれ以外の部分でのべられる内容のほうである。

なぜなら、これによって、「国民のみなさんに歴史学を役立たせ」るためには、「誰にもわからないようなむずかしい言葉を使って論文を書くよりも、花岡物語のような紙芝居を作」るほうがよいのであり、その素材のひとつとして、「町の人々が権力とのたゝかいを通してまもってきた」祇園祭をとりあげることになったといういきさつがあきらかとなるからである。

国民的歴史学運動と祇園祭

「国民のみなさん」と自分たちのあいだにあらかじめ一線をひき、そして、「国民のみなさん」は、「むずかしい言葉を使つて」書かれた論文を読むことができないと頭から決めつけるなど、紙芝居をつくった研究者たちが無意識のうちにかかえているエリート意識をここから読みとることはさほどむずかしくはない。

しかしながら、大学が大衆化する以前に大学生や大学院生となった彼らにむかって、そのような批判をしたところで、あまり意味はなく、むしろ、てらいもなくこのようなことを正直に記していること自体に、当時の歴史研究に対する誠実さを読みとったほうがはるかに建設的であろう。

したがって、そのこともここでは問題とはしない。問題なのは、祇園祭が、はたして「町の人々が権力とのたゝかいを通してまもつてきた」ものだったのか、そのこと自体を検討もせずに、紙芝居をつくってしまったことにあるように思われる。

なるほど、あとがきによれば、紙芝居の「台本の骨子となつたのは林屋先生の「町衆の成立」と「郷村制度《(ママ)》成立期に於ける町衆文化」（いずれも東大出版会発行『中世文化の基調』所収)」だったのかもしれない。しかしながら、それらが個別の論文である以上、仮に「先生」によって書かれたものであったとしても、みずから史料や史実にあたって検討を加えたうえで採用するのが、研究者としてあるべきすがたではなかったかと、現代の目からはみえる。

ただし、彼らには、そのような検討をおこなう時間的な余裕はなかったのであろう。あるいは、そのような雰囲気もなかったというのが、実際だったのではないかと思われる。なぜなら、紙芝居は、その年、一九五二年(昭和二七)五月にひらかれる歴史学研究会大会のレクリエーションに披露されることが決まっていたからである。

この年の歴史学研究会大会の統一テーマは、「民族の文化について」というもの。いわゆる国民的歴史学運動がおこりつつあった時期である。

紙芝居「祇園祭」は、こうした歴史研究の動きのなかで、戦国時代の祇園祭を「室町時代にその頃の市民であつた町衆の手によつて戦乱の中をまもられてきたもの」、あるいは、「町の人々が権力とのたゝかいを通してまもつてきた」祭礼としてイメージ化する道をあゆみはじめることになった。

紙芝居「祇園祭」のストーリー

それでは、できあがった紙芝居「祇園祭」のストーリーとは、どのようなものだったのだろうか。紙芝居の現物は、残念ながら残されていないようなので、『祇園祭』(東京大学出版会)から、そのあらすじをたどってゆくことにしよう。

『祇園祭』をみるかぎり、紙芝居につかわれた絵の枚数は、表紙を含めて五九枚。紙芝

図1－2　紙芝居「祇園祭」

居としては多いように思われるが、ストーリーのほうはいたって簡単明瞭である。

時代は、応仁・文明の乱から五〇年ほどたった、天文《てんぶん》二年（一五三三）、つまり戦国時代。登場人物も、紙芝居のためか、きわめて少ないのが特徴的だが、そのなかでも、主人公にあたるのが、四条町《しじょうちょう》の桶屋《おけや》の彦二郎という架空の人物。この彦二郎を町衆の典型として話はすすんでゆくことになる。

ところで、この天文二年は、「戦の間中」禁止されていた祇園祭をひさしぶりにおこなおうという「空気」が「何処からともなく高まって」いた年だった。そのため、彦二郎ら町衆が、山や鉾の趣向をはじめ、さまざまな相談や準備をすすめてゆくさまが描かれる。

ところが、そのような準備もととのいつつあった六月六日、近江国《おうみのくに》に避難を余儀なくされていた「公方様《くぼうさま》」から、突然、祇園社の執行《しぎょう》（「祇園のお宮の神主で一番偉い人」と説明）のもとに使者がおとずれ、「町衆どもは去年より税をおさめず、あまつさえ一揆を起して侍にたてつく始末。この上鉾を渡さしては何をしでかすかわからぬ。「まつり・おどり・山だしをなすべからず」とのきつい仰せじゃ」との命令が伝えられる。

おどろいた執行は、「早速下京《しもぎょう》六十六町《ろくじゅうろくちょう》の月行事《がちぎょうじ》を、残らず呼び集め」て、その旨を伝えるが、紙芝居では、この月行事（「今の町会長」と説明）を、町衆とは異なる存在として描いている点が特徴的である。

たとえば、彦二郎の住む四条町の月行事は、徳王太夫《とくおうたゆう》という架空の人物となっている。その商売は「金貸し」という設定だが、このことからもわかるように、紙芝居のなかでは、町衆と月行事のあいだにある種の格差をもたせ、そして、それを象徴させるかのようにして、「公方様」の命令をうけようとする月行事とそれを拒否する町衆のすがたも描かれることになる。

結局、「六月八日、町衆は祭を強行」するにいたるが、そこへ「町に対する幕府の役所、侍所《さむらいどころ》」の侍たちが押しかけ、月行事に対して、今回のことの「張本《ちょうほん》」を出すようにせまる。

侍の圧力に屈した月行事は、彦二郎を侍たちに渡してしまう。ところが、それにがまんのならない町衆たちは、ついに「道端の石ころ。棒切れ。すぐに武器になり」そうなものを手にし、「月行事をつきとばして、まっしぐらに彦二郎を奪いかえしに突進」する。

そして、侍たちとも「乱闘」になるが、「戦をするのは、祭をとめるのは、自分たちの平和を乱すのは、幸せをさまたげるのは、みんな侍のせいだ。長い間の苦しい生活。やっとよくなりかけたのに、こゝで祭をとめられてたまるものか」という「勢に侍たちは一歩一歩後退」、彦二郎をとりかえすだけではなく、「とう〳〵引きあげ」させることにも成功したのだった。

こうして、「侍は逃げた。町衆は勝った。祭りだ《ママ》」とばかりに、山や鉾が渡されて、大団円となる。「室町時代にその頃の市民であつた町衆の手によつて戦乱の中をまもられてきたもの」、そして、「町の人々が権力とのたゝかいを通してまもつてきた」祭礼としての祇園祭というイメージが、あまりにもストレートに反映されており、きわめてわかりやすいものとなっている。

また、「町衆のたゝかい」とは、「公方様」や侍所の侍たちとの戦いであり、権力とは、すなわち室町幕府にほかならなかったこともあきらかとなろう。

紙芝居に対する反応

それでは、このようなストーリーをそなえた紙芝居「祇園祭」に対する反応は、どのようなものだったのだろうか。さいわい、紙芝居をつくった研究者たちが、「民科・京都・

歴史部会」の署名で「紙芝居「祇園祭」を創つて」という報告を『歴史評論』三九号（一

九五二年一〇月）に寄せているので[1]、それをみてみることにしよう。

まずは、当初の目的であった歴史学研究会ではどうだったのだろうか。

東京で多くの人々から絵の美しさと、内容のなごやかさ、明るさを同情的に喜ばれた事は製作した私達をホッとさせた。多くの教訓が得られた。

じつのところ、これだけではあまりよくわからない。ただ、「同情的に喜ばれた」ということばや、「多くの教訓が得られた」ということばからは、ややネガティブな印象をうける。おそらく、もっと異なった反応を期待していたのであろうが、それを得ることはできなかったようである。

そのことと関係するのかどうかはわからないものの、『祇園祭』のあとがきによれば、彼らはこの紙芝居をもって「自由労働者のなかで高等学校で、農村でなんども紙芝居をやつ」たようである。

このうち、自由労働者のまえで紙芝居をおこなったときの状況が、先の報告のなかに記されている。

ときは、一九五二年（昭和二七）五月二五日、歴史学研究会大会終了後と思われるが、京都の「七条職安の自由労働者の間」に紙芝居をもっていったらしい。紙芝居を見た自由労働者の数は、六〇〜七〇名ほど。それに参加したものは、「京大生及び大学院生」一二名だったとされている。

そして、その反応とは、つぎのようなものだった。

> 自由労働者の中に入った経験のない者ばかりなので、果してこの様なものが充分うけ入れられるかどうかという不安があった。併し、やってみてこの不安が一掃されたという点では大きな成果があったと云えよう。見終えた労働者は「よっしゃ、解った」「アンコも団結せんとあかんな」「あの侍は今でいうたらポリやな」と率直な感情で受取り「月に一本ぐらいずつ変ったものを持って来てほしい」と要求していた。

ここでもまた、その反応のようすはよくわからない。実際、「民科・京都・歴史部会」自身、「「よっしゃ、解った」とだけ答え、具体的な注文の出なかったことが反省されねばならない。この事は我々の紙芝居が全体として祇園祭の由来の単なる解説に終っている事を示しているのではないか。これは我々の歴史の理解が具体性を欠き、単なるアジテイシ《（ママ）》

ヨンとしか画けない弱さを示していると思われる」との理解を示している。

しかし同時に、「始《ママ》めの祭の由来の部分、次にストーリーに入って祭礼準備の部分、最後の祭礼当日の闘争の部分と、これらは一つ一つ見れば問題はない。だがこれらの要素が何かばらばらになっている処に問題があるのではないか」ということばを目にするとき、やはり、対象であるはずの戦国時代の祇園祭そのものについて彼らは、みずからの手で歴史学的な検討をついになさなかったこともあきらかとなろう。

いずれにしても、紙芝居「祇園祭」に対する反応そのものについては、よくわからないところも少なくないのだが、にもかかわらず、『祇園祭』のあとがきに「今年（一九五三年）になつてから、新たに出版するために台本を書きなおし、何回も討論した」と記されているように、紙芝居が完成し、ほうぼうで実演がおこなわれてほどなく、先にもふれたようなかたちで本になることが決まる。

そして、ここでもまた、台本の検討はなされても、対象そのものについての検討がなされる暇もあたえられないまま、紙芝居「祇園祭」は一冊の本となって、「室町時代にその頃の市民であつた町衆の手によつて戦乱の中をまもられてきたもの」、あるいは、「町の人々が権力とのたゝかいを通してまもつてきた」祭礼としてのイメージをさらに普及させてゆくことになった。

2　小説『祇園祭』と映画『祇園祭』

数奇な運命

『祇園祭』（東京大学出版会）として一冊の本となった紙芝居「祇園祭」は、多くの人びとの目にとまることになったと考えられるが、そのようななかでも、問題のイメージをさらに普及させてゆくのに重要な役割をはたしたのが、小説と映画である。

ともに、紙芝居と同じ題名がつけられた小説と映画のうち、どちらが先に着手されたのかについてはさだかではない。もっとも、このふたつの『祇園祭』は、密接にかかわりあいをもちながら展開してゆくことになる。

小説『祇園祭』の初版が刊行されたのは一九六一年（昭和三六）、映画『祇園祭』が封切られたのは一九六八年（昭和四三）と若干の時間差がみられるが、この両者ともに、かなり数奇な運命をたどることになる。

たとえば、小説は、その作者西口克己《かつみ》氏のあとがき（東邦出版社、一九六八年）に、「初版は中央公論社から刊行されましたが、いわゆる嶋中事件後に絶版となり、さらに弘文堂による再刊は同社の進歩的なフロンティア・ブックスの挫折と共に絶版となりました。そして今、東邦出版社の好意によって新しく息を吹きかえしたのです」と記されているように、初版からわずか八年間のあいだに、出版社を三度替え刊行されている。

もっとも、小説は、図書館などに行けば今でも手にして読むことができる。それに対して、映画のほうはといえば、さらに数奇な運命をたどったとおぼしく、いまだにビデオにもＤＶＤにもされていないうえ、著者の知るかぎりでは、一年に一、二度だけ、しかも祇園祭の季節にのみ京都の博物館で上映されるという、きわめて希少な存在となっている。

このことだけでも、小説『祇園祭』と映画『祇園祭』がかかえていたであろう事情がかなり複雑なものであったことをしのばせるが、それらの事情は本書の関心とは直接かかわらないので、ここではふれない(2)。

むしろ、ここでふれなければならないのは、小説や映画にされるにあたって、紙芝居「祇園祭」のあの簡単明瞭なストーリー、そしてイメージが肉づけされ増幅されていったことのほうであろう。

映画『祇園祭』のストーリー

それでは、そのストーリーとは、いったいどのようなものだったのだろうか。ここでは、そのイメージがもっともわかりやすく、目にみえるかたちで提供されることになった、映画『祇園祭』のストーリーをみてゆくことにしよう。

また、映画『祇園祭』の公式パンフレット（製作／日本映画復興協会、協力／京都府・京都市・映画「祇園祭」製作上演協力会、配給／新日本興業・松竹・日本映画復興協会、図1－3）には、原作として西口克己氏の名も記されており、そのこともふまえて、パンフレットに記される「物語」と実際にみた映画をもとにストーリーをたどってゆくことにする。

時代設定は、紙芝居と同じく今から約五〇〇年前の戦国時代。室町将軍の世継ぎ争いに端を発した応仁・文明の乱は、以後五〇年ものあいだ、京都を戦火の渦に巻きこんだ。しいたげられた農民たちは、土一揆をおこすが、将軍は都を落ち、残る細川晴元《はるもと》にもそれを制圧する力はなく、京都は混乱のきわみに達していた。

そのような土一揆が京都を襲撃したある夜、中村（のち萬屋《よろずや》）錦之介《きんのすけ》扮する、町衆で染物職人の新吉（架空の人物）は、笛の上手な不思議な女、岩下志麻扮するあやめ（架空の人物）を知り、荒れた御堂で一夜をともにする。このあやめ、河原者《かわらもの》の娘であることを、主人公新吉はのちに知ることになる。

ところで、あいつぐ土一揆に手を焼いた細川晴元の命令によって、町衆は、少数の侍とともに土一揆の本拠地山科《やましな》に攻め入ることになる。ところが、そこに立ちふさがったのが、土一揆に荷担する馬借《ばしやく》の頭、三船敏郎扮する熊左《くまざ》（架空の人物）であった。

新吉たち町衆は、この熊左たちとも戦うことになるが、そのようななか、荒廃した農村のすがたや、また、戦いのさなかに侍たちが逃げ去るすがたを目の当たりにして、自分たちが利用されていただけだったことを知る。

こうして、侍に対する不信感をつのらせることになった町衆は、地子銭《じしせん》（土地税）を払わないことで侍に対抗するとともに、弓矢ではないかたちで自分たちの団結力をみせる方法を模索しはじめる。そうしたなか、浮上してきたのが、戦乱で途絶えていた祇園祭の再興だった。

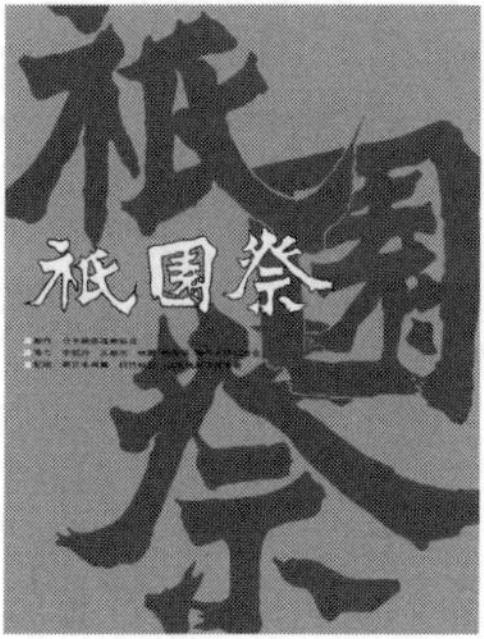

図1-3　映画パンフレット表紙

新吉は、祇園祭再興を相談するため、公家の山《やま》科言継《しなときつぐ》を訪ねるが、そこであやめと再会することになる。言継は新吉に対して、あやめに祇園囃子《ぎおんばやし》の笛を習うことをすすめるが、あやめのほうが教えようとはしなかった。あやめは河原者の娘で、町衆とは身分の違いを感じていたからである。

いっぽう、地子銭を払わない町衆に対抗するため、細川晴元は、関所を設け関銭《せきせん》を払わせることを決める。これによって、地方から京都に入る食糧は減少し、町衆は飢えに苦しむことになる。

このような状況を打開するため、新吉は死を覚悟で、あの馬借の頭熊左の住む大津《おおつ》を訪ね、米を運んでくれるよう嘆願する。当然のこと、熊左は聞く耳をもたない。そこにあやめがあらわれ、その説得の甲斐もあって、新吉の嘆願は聞き入れられることになった。

数日後、熊左たち馬借が米を運んで京都にあらわれたとき、町衆は熱狂して出むかえる。こうして、身分を超えて心の通じるようになった新吉とあやめは、笛の練習に日々を送ることになり、それと並行して、祇園祭の準備も着々とすすんでいった。

ところが、そのようなところへ、突然、神事停止の命令がくだされる。将軍の御所の再建費を負担しなければ、武力をもってしても祭を阻止するという。しかし町衆は、それにひるむことはなかった。「たとえ神事なくとも山鉾を渡そう。京町衆だけの祇園祭じゃ」とばかりに。

そして、ついに祭の日はきた。新吉の白扇がかざされ、山鉾が動きだしたそのとき、なおも侍たちは立ちはだかろうとする。そこへ熊左たち馬借の一隊があらわれ、侍たちはしりぞけられるが、そのさなか、ものかげから放たれた一本の矢が新吉の胸に突き立つ（図

1－4）。

崩れおちる新吉、これに怒った熊左は侍たちを追いかけようとするが、新吉はそれを制止し、熊左らの手を借りてふたたび山鉾にのぼる。胸に矢を突き立てたまま蒼白な顔で仁王立ちになった新吉のすがたに、もはや侍たちも手出しはできなかった。

侍たちがしりぞきながら左右に分かれることで道はひらかれ、ふたたび山鉾は動きはじめる。しかし、そのときすでに新吉は息絶えていた。

図1－4　映画場面（パンフレットより）

巨大オープンセットと有名俳優

以上がおおよそのストーリーであるが、ここからもうかがえるように、映画『祇園祭』の一番の見せ場は、山鉾が巡行してゆくクライマックスの場面である。実際、映画をみていても、この場面は迫力をもってせまってくる。もっとも、それは、有名俳優たちの演技にもまして、巨大なオープンセットの力もあったようである。

公式パンフレットによれば、ロケ地としては、当時、延長工事中だった右京区《うきょうく》嵯峨《さが》広沢《ひろさわ》の丸太《まるた》町通《まちどおり》を借用、そこへ四五〇軒の町屋がつらなる室町末期の四条通《しじょうどおり》を一〇〇〇メートルにわたって再現し、本物の菊水鉾《きくすいほこ》・放下鉾《ほうかほこ》を巡行させるだけではなく、わざわざ新調した鉾一基と五基の山、あわせて八基の山鉾を巡行させていたからである。

それだけでも十分圧巻といえるが、鉾一基を新調するのにかかった費用が、当時の金額で五〇〇〇万円、セットの総制作費にいたっては七〇〇〇万円、それに、のべ一万五〇〇〇人のエキストラをつかっての場面となれば、迫力を感じないほうが不思議なのかもしれない。

そのうえ、出演俳優が、ストーリーの展開にかかせない主人公など数名にかぎったとしても、右にみたような面々のほか、志村喬《たかし》・田村高廣・田中邦衛・渥美清・北大路欣也・高倉健・美空ひばりといった有名俳優がつぎつぎと登場してくるのだから、大ヒットした[3]といわれるのも当然であろう。

もっとも、そのいっぽうで、全編で一六八分におよぶ長さ、あるいは新吉とあやめのロマンスとストーリー全体とのかねあいの悪さや、いきいきと暴れまわる熊左役の三船敏郎とくらべて、かなり地味な動きの中村錦之介、さらには、河原者や馬借といった耳慣れない歴史用語が頻発してくるとなると、[4]おそらく当時でもかなり違和感をもっていた観客は少なくなかったのではないかと思われる。

しかしながら、本書は映画そのものを評論するのが目的ではないし、著者自身そのような能力ももちあわせていないので、そのようなことも問題にはしない。むしろ、問題にしなければならないのは、紙芝居以上に増幅された祇園祭にかかわるイメージのほうである。それでは、そのイメージとは、どのようなものだったのだろうか。

かたちづくられてきたイメージ

一六八分におよぶ長大な映画だけに、ストーリー自体は、たしかに紙芝居とくらべて複雑なものとなっている。しかしながら、まず注目しなければならないのは、あいも変わらず、町衆と侍たちとの対抗関係がそのストーリーの骨格となっている点である。

ちなみに映画では、「公方様」(将軍)ではなく、細川晴元がクローズアップされているが、室町幕府という権力に抵抗する町衆、そして、その町衆のための祇園祭という基本的な構図は、なんら変わっていない。

そのいっぽうで、紙芝居でみられた町衆と月行事との格差は、映画でもまったくみられないわけではないものの、どちらかといえば後景にしりぞき、それにかわって、土一揆や農民との対立、あるいは河原者や馬借たちとの身分差が前面に押し出されている点が、映画のほうの特徴である。

おそらくこれらは、当時、歴史研究においても注目されつつあった農村と都市の関係や身分制の問題などをとりいれたものと考えられる。もっとも、ストーリーだけからみれば、そのためかなりややこしくなってしまった感はいなめない。

また、河原者はおくとしても、馬借と町衆とのあいだにどのような身分差があったのかについては、いまだにあきらかとなっていない部分も少なくない。したがって、今みてもやや違和感を覚えざるをえない。

しかしながら、それ以上に注目しなければならないのは、やはり、映画『祇園祭』全体から読みとれる、侍たちと町衆、神事と山鉾、農村と都市、町衆と河原者といった、ものごとをふたつに分けて、それらがあたかも二項対立的に存在するというものの見方であろう。

一見すると、なぜこうもはっきりと、敵と味方、あるいは、あちらとこちらといった分けかたをしなければならなかったのか、不思議にさえ感じる。ただ、かえりみれば、これらは紙芝居「祇園祭」においても同様であり、つまるところ、このような二項対立的なものの見方が、紙芝居がつくられて以来、ひきつがれてきたイメージの源であった。

なぜそのようになってしまったのかという理由まではさだかではないが、ひとつには、紙芝居をつくった当時の研究者たち自身が語るように、「誰にもわからないようなむずかしい言葉を使って論文を書くよりも」、「紙芝居を作って、国民のみなさんに歴史学を役立たせ」たい、という純粋な気持ちが、わかりやすいストーリーづくりにむかわせ、それが、「権力に抵抗する民衆の祭礼」というイメージをかたちづくっていった可能性は高い。

それは同時に、紙芝居をつくった研究者集団のあいだで最初に共有されることとなった「室町時代にその頃の市民であった町衆の手によって戦乱の中をまもられてきたもの」、そして「町の人々が権力とのたゝかいを通してまもってきた」ものという、祇園祭に対する認識が、さまざまな事情があったにしても、検討されなかった、あるいはその機会すらあたえられなかったという、もっとも基本的なところにたどりつくことになるであろう。

しかしながら、一度できあがったイメージは、それがわかりやすければわかりやすいほど、増幅しつつ、それ以外の見方をよせつけなくしてしまうものである。これまで祇園祭にもたれてきたイメージもまた、同じようなものであった。

こうして、紙芝居、小説、映画という、いくつもの媒体をとおしながら、戦国時代の祇園祭に対する「権力に抵抗する民衆の祭礼」というイメージはかたちづくられ、普及していったわけだが、それでは、そのイメージに対して、実態はどのようなものだったのだろうか。

次章以降では、これまでほとんど検討されてこなかった、その実態についてみてゆくことにしよう。

＊祇園祭は、中世の史料においては、「祇園会《ぎおんえ》」、あるいは「祇園御霊会《ごりようえ》」などと登場し、「祇園祭礼」とは出てきても、祇園祭とは出てこない[5]。その理由については、今のところあきらかにすることができないが、当然、そこには意味があると考えられるので、具体的な史料にそくして実態をみてゆく次章以下では、章や節の名前をのぞいて「祇園会」に統一することにする。

＊次章以下では、読者の便宜を考えて、引用史料はすべて読み下しにしている。

注

（1）高木博志『近代天皇制と古都』（岩波書店、二〇〇六年）。この報告の存在については、高木氏からご教示をいただいた。また、『新しい歴史学のために』八号（一九五二年）にも同じような報告がみられる。なお、紙芝居についての最新の研究として、『国民的歴史学運動の京都地域における展開過程に関する研究（研究代表者田中聡）』（二〇〇七年度〜二〇一〇年度科学研究費補助金基盤研究（C）研究成果報告書）参照。

（2）鴇明浩・京都キネマ探偵団編『京都映画図絵——日本映画は京都から始まった』（フィルムアート社、一九九四年）、藤田雅之『映画のなかの日本史』（地歴社、一九九七年）。以上、ふたつの文献については、京樂真帆子氏からご教示をいただいた。なお、京樂氏には、「映画と歴史学――『山椒大夫』から『もののけ姫』へ」(『史風』四号、一九九九年)や「映画『祇園祭』と歴史学研究――「祇園会じゃない祇園祭」の創出」(『人文学報』一一五号、二〇二〇年)などの論考がある。また、最新の研究としては、田中聡「映画「祇園祭」の構想をめぐる対立――『キネマ旬報』誌上の論争から」(『京都戦後史研究会研究成果報告書』立命館大学人文科学研究所助成プログラム、二〇一五年)や谷川建司編『映画産業史の転換点――経営・継承・メディア戦略』(森話社、二〇二〇年)の「Ⅳ 映画『祇園祭』を巡って」所収の高木博志「近現代史のなかの映画『祇園祭』――もう一つの明治百年」をはじめとした諸論考を参照されたい。

(3) 注(2)前掲、鴇氏・京都キネマ探偵団編『京都映画図絵』参照。

(4) 注(2)前掲、藤田氏『映画のなかの日本史』参照。

(5) この点については、川嶋將生氏にご教示いただいた。

第二章　天文二年の祇園祭

1　天文元年〜二年六月の政治状況

紙芝居「祇園祭」が時代設定をしたのは、天文《てんぶん》二年（一五三三）という年だった。それでは、その天文二年とは、どのような時代だったのだろうか。まずは、その政治状況からみてゆくことにしよう。

じつは、この時期の政治状況は、一九七〇年代以降、飛躍的に研究が進んだ分野として知られている(1)。したがって、紙芝居がつくられた一九五〇年代にはあきらかになっていなかったことも少なくないわけだが、その点については、追ってみてゆくことにして、この時期の政治状況を端的に示すひとつの記事からみることにしよう。

天下将軍御二人

そもそも天下将軍御二人そうろうところに、同じく細川モリ両人そうろうなり、四国《しこく》方衆《かたしゅう》は、みなみな堺辺《さかいあた》りに御入りそうろうよし承るところなり、なかんずく、御一人

の将軍は、近江《おうみ》の観音辺りに御入りそうろう、六角《ろっかく》モリ申すところなり、

これは、『祇園執行日記《ぎおんしぎょうにっき》』天文元年（一五三二）七月二八日条に記された記事の一部である。祇園執行とは、明治初年まで祇園社《ぎおんしゃ》とよばれていた八坂神社《やさかじんじゃ》を統括する役職名であり、代々、宝寿院《ほうじゅいん》の院主が世襲することになっていた。

図２－１　八坂神社

このときの執行の名前は、玉寿丸《たまじゅまる》。その名前からもわかるように、いまだ成年に達していない一六歳の少年であった。先にもふれたように、紙芝居にも祇園執行は登場するが、なぜか老人のように描かれている。

この時期の『祇園執行日記』は、この少年執行玉寿丸が記しているためであろうか、原文では漢字にカタカナまじりで書かれているが、右の記事からは、彼の耳にも、不安定な政治状況が正確に伝わっていたことがわかる。

さて、このころ、「天下」には、「将軍」が「御二人」いた。普通、現職の将軍が並立することはないので、いっぽうが将軍、もういっぽうがそのライバルとなる。当

時、将軍だったのが足利義晴《よしはる》で、それに対抗していたのが、その兄弟足利義維《よしつな》であった。

そして、このふたりを「モリ」（擁立）する細川氏も「両人」いた。義晴を擁立していたのが管領《かんれい》細川高国《たかくに》、義維を擁立していたのが細川晴元《はるもと》である。もっとも、これら細川氏には、十分な軍事力がそなわっておらず、それをおぎなっていたのが、「四国方衆」と「六角」であった。

「四国方衆」とは、阿波国の三好元長《みよしもとなが》の軍勢を意味し、この元長が、晴元・義維を擁立し、「堺辺り」まで出張っていた。これに対して、「六角」とは、近江の六角定頼《さだより》を指す。観音寺城《かんのんじじよう》を居城としており、その近くの桑実寺《くわのみでら》に「御一人の将軍」義晴を庇護《ひご》していた。

このとき、なぜ現職の将軍である義晴が京都を離れ、「近江の観音辺り」にいたのかといえば、これよりおよそ五年前の大永《たいえい》七年（一五二七）二月に高国の軍勢が、桂川《かつらがわ》において晴元方の軍勢に敗北し、近江国に避難を余儀なくされていたためである。

しかも、たよりとする高国が、享禄《きようろく》四年（一五三一）六月に摂津《せつつ》国尼崎《あまがさき》で敗死してしまい、義晴はながく京都へ帰ることができない状態にあった。

一向一揆と法華一揆

義晴・高国方が右のようなありさまであったので、義維・晴元方が有利な状況にあったことはまちがいない。ところが、義維・晴元方は、その内部に深刻な対立をかかえていた。対立していたのは、晴元と元長。十分な軍事力をもたない晴元は、元長を倒すべく、思いもかけないところへ援軍を要請する。

その要請先とは、『細川両家記《りょうけき》』という軍記物が、「晴元より山科本願寺《やましなほんがんじ》を御頼みありければ」と伝えているように、当時、山科にあった本願寺であった。本願寺が一声かければ、摂津国・河内《かわち》国・和泉《いずみ》国の一向一揆が蜂起する。

晴元はそれを利用しようとしたわけだが、その期待はみごとに的中し、天文元年（一五三二）六月、「和泉・河内・津の国三ケ所の一揆馳《は》せ集まり、十万ばかりにて筑前守《ちくぜんのかみ》（三好元長）陣所南庄《みなみしょう》へ取り懸」（『細川両家記』）ったため、元長は、堺の顕本寺《けんぽんじ》にて自刃《じじん》に追いこまれた。

ところが、一度蜂起した一向一揆は制御を失い、各地で暴走をはじめる。それにともない、晴元と本願寺との関係も悪化、ついに山科本願寺が攻撃されることになるが、このあたりの状況について『祇園執行日記』は、つぎのように伝えている。

山科に法観寺（本願寺）といつし一向宗そうろうが、澄元（晴元）六郎の用とて津国《つのくに》へまかり越しそうろうが、また澄元（晴元）と中悪くなる、折節《おりふし》、かの一向宗、都《みやこ》の日蓮宗退治そうらわんよし風

聞そうろうとて、法華宗謀叛《ほっけしゅうむほん》企て、六郎（細川晴元）の衆と一所《いっしょ》にて山科を攻めんという、

本願寺のことを「法観寺」としたり、六郎晴元のことを父「澄元《すみもと》」としたり、記述に若干のあやまりがみられるものの、その内容はいたって正確である。「六郎の用とて津国へまかり越しそうろう」とあるのが、一向一揆が三好元長を攻め滅ぼしたことを示しており、その後、本願寺が晴元と「中悪くなる」ことも伝えられているからである。

また、興味深いのは、山科本願寺を攻撃するにあたって、「六郎の衆」＝晴元の軍勢とともに、「法華宗」（「都の日蓮宗」）が「一所」であり、しかも、「法華宗」は、「かの一向宗、都の日蓮宗退治そうらわんよし風聞」があったため、「謀叛」（蜂起）したことも記されている点であろう。

この「法華宗」（「都の日蓮宗」）こそ、いわゆる法華一揆[2]とよばれるもので、ここに、本願寺・一向一揆と法華一揆とのあいだで戦いがくり広げられることとなった。映画のストーリーでも、農村と都市との対立を象徴させるように、主人公の新吉ら町衆が山科を攻める場面がみられるが、それはこの事実をベースにしたものであった。

都市と都市の戦い

もっとも、ここまでみてきたことからもわかるように、山科本願寺が法華一揆によって攻撃されることになったのは、農村と都市との対立によるものではけっしてない。分裂する武家権力間の政治的な争いにまきこまれた結果であることはあきらかといえる。

しかも、当時の山科本願寺は、鷲尾隆康《わしのおたかやす》が、その日記『二《に》水記《すいき》』天文元年八月二四日条に「本願寺は四五代富貴におよび、栄花を誇る、寺中広大無辺《じちゅうこうだいむへん》、荘厳《しょうごん》ただ仏国《ぶっこく》のごとし」と記すように、その壮麗さは京中の寺院を上まわっていた。

図２－２　山科本願寺寺内町の土塁

そのうえ、その寺院を中心に巨大な土塁《どるい》と堀によって囲まれた寺内町《じないまち》も形成、その「在家《ざいけ》また洛中《らくちゅう》に異ならず、居住の者おのおの富貴、よって家々随分の美麗をたしなむ」という状態であったから、農村というより、都市といったほうがはるかに実態に近い。その意味からすれば、このときの戦いは農村対都市ではなく、都市対都市の戦いであったといえよう。

結局、山科本願寺と寺内町は天文元年八月二三日に攻め落とされることになる。ここで、注目しておかねばならないのは、その前日、攻撃がはじまったことを伝える『二水記』が、「今朝、京中諸勢馳せ集まり、山科本願寺に発向《はっこう》すべしと云々《うんぬん》、江州《ごうしゅう》より同じく手を合わす」と記しているように、法華一揆には、「江州」、つまり近江の六角定頼の援軍も加わっていたという事実であろう。

六角定頼といえば、晴元とは対立関係にあったはずである。ところが、この事実によって、このころ、晴元と定頼は和睦していたことが知られるとともに、晴元は、みずからが擁立していた義維をみかぎり、将軍義晴とも和睦していたことがあきらかとなろう。

政治状況は猫の目のようにめまぐるしく変化しており、山科本願寺への攻撃もまた、そのような状況のなかでおこったできごとであった。

一向一揆との攻防

『二水記』八月二四日条によれば、山科本願寺は、「巳刻《みのこく》ばかり」（午前一〇時ころ）に「寺を焼」かれ、「そのほか所在の在家一屋《いちおく》残らず一時に焼失」したため、「その煙、天を蓋《おお》うがごとし」であったという。

これによって、一応の決着がついたのかといえば、じつはそう簡単にはゆかなかった。というよりむしろ、これから後のほうが、一向一揆との戦いは熾烈さを増してゆくことになる。

たとえば、翌九月の末、山崎において、晴元勢と法華一揆は一向一揆と合戦をしているが、『二水記』九月二八日条が「京衆多分《たぶん》打ち死」と伝えるように、そこでは大敗を喫したことが知られるからである。

映画のなかでも印象的な一場面として登場する、「町人日々集会《しゆうえ》の鐘を打つ、上京《かみぎよう》は革堂《こうどう》の鐘、下京《しもぎよう》は六角堂《ろつかくどう》なり」（『二水記』八月二六日条）という情景は、このときのものであり、それは、「一揆衆」（一向一揆）の「猛勢恐怖」のためであった。

このような緊張状態は、年があけた天文二年になってもかわらず、二月には、いまだ上洛できず堺にとどまっていた「六郎そのほかおのおの、一揆として責め破られ、大略打ち死」（『二水記』二月一一日条）といううわさがながれている。そして、その恐怖のあまり、「法華衆・同檀那《だんな》ら、諸道具また持ち運ぶ」（『二水記』二月一三日条）と、家財道具をもって京都から逃げ出す法華宗徒のすがたもみられたという。

大坂本願寺との戦い

さいわい、晴元討死はデマであったが、このように、山科本願寺と寺内町が焼き払われてもなお、一向一揆の勢いが衰えなかったのは、醍醐寺《だいごじ》理性院《りしよういん》の僧厳助《ごんじよ》がその日記『厳助《ごんじよ》往年記《おうねんき》』天文元年六月五日条に「山科本願寺坊主、そのほか内衆《うちしゅう》以下退去、小坂《おさか》大騒動なり」と記しているように、本願寺宗主《しゅうしゅ》証如《しょうにょ》以下内衆が、「小坂」＝大坂へ避難していたためであった。

したがって、今度は、証如らのいる大坂本願寺（いわゆる石山本願寺）の攻撃がつぎの政治日程としてのぼってくる。そして、それは『祇園執行日記』によれば、四月末であったことがあきらかとなる。

法華宗陣立《じんだ》てそうろう、下京・上京の諸日蓮宗、京に居《お》りそうろう六郎衆（細川晴元）に交じり、大坂を退治に今日立ちそうろう、かの法クハンジ（本願寺）発向に立ちそうろうや、今みな一向宗大坂に居りそうろう、六郎（細川晴元）の敵なり、

ここでもまた、法華一揆は、「六郎衆（細川晴元）に交じり」大坂へ出陣していたことがわかる。ところが、この出陣を待っていたかのように、丹波《たんば》国より「八郎衆」とよばれる軍勢が京都をのぞむようになる。

この八郎とは、晴元のライバルとしてほろんだ細川高国の後継者とされる細川晴国《はるくに》のことであり、『祇園執行日記』五月二六日条が「丹波波多野《はたの》は敵にてそうらいつるが、今こ

とごとくみな八郎（細川晴国）を取り立てる躰《てい》にてそうろう」と記すように、丹波国の波多野氏によって擁立されていた。

ちなみに、近江国堅田《かただ》の本福寺《ほんぷくじ》に残される『本福寺明宗跡書《みょうしゅうあとがき》』には、「細川八郎（晴国）方は大坂殿御味方なり」と記されており、晴国が「大坂殿」＝大坂本願寺と通じていた可能性は高い。

その晴国の軍勢が丹波国から高雄《たかお》・栂尾《とがのお》と出没してくるため、晴元勢もむかえ撃たざるをえなかったが、このとき、「京の留守」を守っていたのは、「津の国の守護代に薬師寺《やくしじ》といいし者」（『祇園執行日記』五月二六日条）こと、薬師寺国長《くになが》であった。

薬師寺たちは、敵が出てくると、「京の日蓮宗、六郎衆（細川晴元）、高雄へ懸けそうろうとて震動しそうろう、西からも出、どこぞ道にて戦《いくさ》そうらいつるげにそうろう」（『祇園執行日記』五月三〇日条）というようなことをくり返していた。しかしながら、晴元勢や法華一揆は、圧倒的に不利な状況にあった。

なぜなら、『祇園執行日記』（五月二六日条）が「しかじか京には人衆なくそうろう」と記しているように、軍勢の主力は大坂へ出陣してしまっており、残された少勢のみでの防衛を余儀なくされていたからである。

そのうえ、大坂でも苦戦がつづいていたようで、『足利季世記《あしかがきせいき》』という軍記物が、「城は

「摂州《せっしゅう》第一の名城なり、籠もる兵どもはいずれも近国・他国の諸門徒、一向に阿弥陀名号《あみだみょうごう》を心にかけ、命を塵芥《じんかい》ほどに軽んじ防せ戦いければ、寄せ手も攻めあぐんで見えにける」と伝えるように、のちに大坂城が築かれる地に所在した大坂本願寺を、晴元勢や法華一揆は攻めあぐねていた。

近づく式日

そうこうしているうちに、天文二年の五月も終わり、祇園会式日《しきじつ》の六月をむかえることになる。ここまでみてきたことからもわかるように、この時期の政治状況は混迷をきわめ、将軍足利義晴も細川晴元もともに京都に入ることすらできない状況にあった。

しかも、晴元に敵対する勢力が、「八郎衆」ばかりではなく、大坂本願寺や一向一揆など数多く存在していたことからみれば、この時期の権力が、紙芝居が語るような単一のものでなかったことはあきらかといえよう。

しかも、都市民衆のほうもまた、そのうちの多数をしめる法華宗徒が、晴元勢とともに法華一揆として大坂へ出陣している最中に、祇園会の式日である六月七日をむかえることになった事実には注意が必要である(3)。

いずれにしても、権力も、またそれに対峙する都市民衆も、とうていひとくくりにできるような状況にはなかったわけだが、それでは、このような状況下でおこなわれた天文二年の祇園会とは、どのようなものだったのだろうか。つぎにそれについてみてゆくことにしよう。

2　天文二年の祇園祭

祭礼執行の主導権

紙芝居では、天文二年は、「戦の間中」禁止されていた祇園会をひさしぶりにおこなおうという「空気」が「何処からともなく高まって」いた年として設定されていた。

また、映画では、侍たちに対抗するとともに、弓矢ではないかたちで自分たちの団結力をみせる方法を模索するなか浮上してきたのが、戦乱で途絶えていた祇園会の再興という設定であった。

のちにもくわしくふれるように、応仁・文明の乱によって停止に追いこまれた祇園会が再興されるのは、天文二年ではなく、それからさかのぼること三十余年前にあたる明応《めいおう》九年（一五〇〇）である。

また、紙芝居・映画ともに、祇園会執行の主導権を町衆や都市民衆においているが、残された史料からは、そのようなようすをうかがうことはむずかしい。というよりむしろ、逆の様相を示す史料のほうが多くみられる。

それでは、天文二年の祇園会は、実際にはどのような経緯をたどっていったのであろうか。この点について順を追ってみてゆくことにしたいが、まずは、この年の祇園会にかかわってもっとも古い日付をもつ、つぎの史料（『祇園社記《ぎおんしゃき》』一六）からみてみることにしよう。

祇園会のこと、日吉社《ひよししゃ》祭礼なしといえども、去る明応九年ならびに永正《えいしょう》三年の御成敗《ごせいばい》の旨にまかせ、来る六月式日に執行《しっこう》せらるべきのよし、仰《おお》せ出《い》だされそうろうなり、よって執達《しったつ》くだんのごとし、

天文二

五月廿《にじゅうに》一日　　（飯尾）堯連判

（松田）晴秀判

当社執行《しぎょう》玉寿丸殿

宛所（宛名）にみえる「当社執行玉寿丸」は、すでに登場してきた祇園執行玉寿丸のこと。その玉寿丸に対して、祇園会の式日である六月七日を十数日ほどさかのぼる五月二二

日に出されたのが、右の史料である。

差出は、飯尾《いのお》堯連と松田《まつだ》晴秀《はるひで》というふたりの人物。このふたりともに室町幕府の奉行人《ぶぎょうにん》として知られているが、文章の最後に「よって執達くだんのごとし」という一文がみられることから、この史料が、主人の命令を伝達する奉書《ほうしょ》とよばれる文書であったことがわかる。

したがってその内容は、彼ら奉行人の主人である将軍足利義晴の命令を示すものとなる。そして、その命令とは、今年、天文二年の祇園会については、日吉社の祭礼がおこなわれないとしても、すぐる明応九年と永正三年（一五〇六）の先例にまかせて、式日どおり六月に執行するようにというものだった。

将軍義晴の意向

先にもみたように、このとき義晴は近江国の桑実寺にいたから、右の奉書は、遠路、祇園執行のもとへとどけられたものとなる。

また、政治状況が不安定きわまりないなか、どのような意図を義晴がもっていたのかについてもさだかではない。ただ、明応九年と永正三年の先例を引き合いに出していることや、日吉社の祭礼がおこなわれなくとも祇園会をおこなうよう命じていることなどから、このときの義晴の意向がかなり強いものであったことがわかる。

なぜそのようなことがいえるのかという点についてはあとでふれるとして、この義晴の意向は、結局のところ実現をみることはなかった。つぎのような書状（『祇園社記』一六）が玉寿丸に宛てて出されたことが確認できるからである。

明日祇園会のこと、まずは延引せらるべきのよし、山門《さんもん》として申し入るの段、佐々木弾正少弼（六角定頼）申しあげらるの旨そうろうあいだ、かくのごとく仰せ出だされそうろう、恐々謹言《きょうきょうきんげん》、

天文二

六月六日　堯連（飯尾）

当社執行

玉寿丸殿

六月六日といえば、式日の前日である。そのような日に突然、義晴は、奉行人飯尾堯連を通じて、「明日祇園会」の「延引」を祇園執行に命じたというのが、右の意味するところである。

紙芝居や映画では、右のような事実をふまえて、天文二年の祇園会を幕府がむりやり停

図2－3　足利義晴肖像
（京都市立芸術大学芸術資料館所蔵）

止させたと描いてきた。しかしながら、実際はそうではなく、史料をみるかぎり、五月二二日の段階では、むしろ幕府のほうが積極的にその執行をはたらきかけていた。にもかかわらず、式日の前日になって、突然、前言をひるがえして延引するよう命じてきたのが事実であった。

なぜそのようになってしまったのか、その謎を解く鍵は、右の史料にみえる「山門として申し入る」ということばにかくされている。そこで、そのあたりの事情をくわしく伝える『祇園執行日記』をもとに、この点について考えてみることにしよう。

山門として申し入る

『祇園執行日記』の六月六日条をみてみると、そこから、「今日山門三塔《さんとう》の執行代《しぎょうだい》」の「三人使い」が「状を持」って祇園社にやってきたことがわかる。ここにみえる「山門」とは、「山門として申し入る」の山門と同じものであり、比叡山《ひえいざん》延暦寺《えんりゃくじ》を意味する。

南都《なんと》北嶺《ほくれい》ということばでも知られるように、中世、南都（奈良）の興福寺《こうふくじ》とならび称さ

図２－４　延暦寺大衆の衆議（知恩院所蔵「法然上人絵伝」）

れた権門《けんもん》寺院が延暦寺である。そして、その延暦寺では、東塔《とうとう》・西塔《さいとう》・横川《よかわ》という三つに分かれたブロック（三塔）ごとに多数の僧侶が居住し、活発な宗教活動がおこなわれていた。

　僧侶たちは、妻帯している山徒《さんと》とそうでない衆徒《しゅと》に大きく分けられるが、その総体は大衆《だいしゅ》とよばれ、三塔には、おのおのの大衆を代表する役職があった[4]。それが、執行代（横川は、別当代《べっとうだい》という）とよばれるものである。三人の使いがきたのもそのためであった。

　その使いが持参した「状」（書状）の「日付」は「五日」（六月五日）、それを「今日もって来」たわけだが、玉寿丸はじめ祇園社の人びとをおどろかせたのは、その内容であった。

　そこには、「明日この方神事しそうらわば、この方を明日発向《はっこう》しそうらわんよし申す」と記されており、式日どおりに明日、祇園会をとりおこなえば、「この方」＝祇園社に、延暦寺大衆が「発向」（軍勢を寄越すこと）すると記されていたからである。

こののち織田信長によって延暦寺が焼き討ちされたことからもわかるように、中世の延暦寺には、幕府や大名をしのぐほどの軍事力が保有されていた。そして、その軍事力をになっていたのが大衆であったが、万一、その大衆が押しよせてきたら、祇園社はひとたまりもない。

とはいっても、将軍義晴からは、式日どおりに祇園会を執行するよう命令がくだされている。幕府と延暦寺大衆とのあいだにはさまれ、祇園社では困りに困ったあげく、「みな談合し」、その結果、「明日神事延引しそうらわんよし」を「明日近江へ人下し」伝えることを決めたのであった。

祇園社は、将軍義晴や幕府の命令よりも、目のまえの恐怖に屈したわけだが、ところがそうこうしているところへ、「今夜の七《ななつ》の時分ほど」（午後四時ころ）に「近江の公方より奉書これへつきそうろう」と、桑実寺の義晴から奉書がとどく。

「その文言、六角子細申しそうろうあいだ、さきに明日の神事延引申すとの状なり」と記されていることからもあきらかなように、このときにとどいた奉書こそが、先に引用した史料にほかならなかった。

ここにみえるように、祇園社が神事延引の意志を伝えるよりまえに、幕府のほうから奉書が到来したという以上、延暦寺大衆は祇園社だけではなく、近江の将軍義晴や、それを庇護する六角定頼（「佐々木弾正少弼《ささきだんじょうしょうひつ》」）に対しても、祇園会延引の意向を示していたことが知られる。

そして、その奉書の内容が、祇園会延引であったということは、結局のところ、あれほど意欲をみせていた幕府もぎりぎりのところで延暦寺大衆の圧力に屈してしまったことがあきらかとなろう。

もっとも、より正確にいえば、祇園会延引を判断したのは「六角子細申」とあるように、六角定頼だったようだが、庇護をうけている定頼の「意見」[5]をうけて将軍義晴が決断したという点では、なんら変わるところはない。

延暦寺大衆の圧力

以上からあきらかなように、天文二年の祇園会を延引に追いこんだのは、幕府ではなく、延暦寺大衆であった。むしろ、幕府は祇園会の執行をのぞんでいたのであり、それが、延暦寺大衆の圧力をのまえに挫折させられたというのが実際だったのである。

もちろん、このようなことは当時からよく知られた事実であり、たとえば、三条西実隆《さんじょうにしさねたか》が記した日記『実隆公記《さねたかこうき》』六月七日条にも「祇園会山訴《さんそ》により停止」とみえ、「山訴」（山門延暦寺大衆の訴訟）(6)によって祇園会が停止になったと記されている。

また、一見すると、このとき延暦寺大衆は、なにか無理無体な主張をしたかのようにもみえるが、けっしてそうではない。彼らには彼らなりの理由があり、それが、将軍義晴の奉書のなかにみえる「日吉社祭礼なしといえども」というものであった。

くわしいことについてはのちにふれるが、要するに、祇園社の本社である日吉社の祭礼がおこなわれていないにもかかわらず、末社である祇園社の祭礼＝祇園会がそれに先んじておこなわれることはゆるされないというのが、延暦寺大衆の論理であった。

ちなみに祇園社では、労せずして延暦寺大衆の発向を回避できたためであろう、祇園執行玉寿丸は、ひとまず「延引の儀はまず本望の儀なり、まず今夜書きそうろう状どももいらずそうろう」と、安堵の思いをその日記『祇園執行日記』六月六日条に書き記している。

ところが、そこへやって来た人びとのすがたがあった。

神事これなくとも、山ホコ渡したき

山鉾《やまほこ》の義につき、朝、山本大蔵《やまもとおおくら》がところへ下京《しもぎょう》の六十六町《ろくじゅうろくちょう》のクワチキヤチ（月行事）ども、触口《ふれくち》、

雑色《ぞうしき》などみなみな来そろうて、神事これなくとも、山ホコ《（鉾）》渡したきことじゃけに候、

右は、『祇園執行日記』六月七日条にみえる記事である。そして、この史料こそ、戦国時代の祇園会を「権力に抵抗する民衆の祭礼」と評価するうえで決定的な影響をあたえてきたものとなる。

史料自体の意味するところは、祇園会延引という報を聞きつけて、六月七日の朝、祇園社役人（社代）の山本大蔵のところへかけつけた下京の六六町の月行事・触口・雑色たちが、「神事これなくとも、山ホコ《（鉾）》渡したき」（神輿《みこし》渡御《とぎょ》などの神事がないとしても、山鉾は巡行させたい）と語ったということにすぎない。

しかしそこに、祇園会山鉾に対する都市民衆の思いを読みとるとともに、紙芝居や映画では、祇園会延引を命じたのが幕府とされたため、幕府という権力の命令に真正面から異を唱える民衆のすがたを映し出すものとして高く評価されることになった。

ところが、先にもふれたように、この年の祇園会を延引に追いこんだのは幕府ではなく、延暦寺大衆であった。しかも、その事実が当時からよく知られていた以上、「神事これなくとも、山ホコ《（鉾）》渡したき」ということばは、幕府に対してではなく、むしろ延暦寺大衆にむけて発せられたものと理解しなければならない。

したがって、右のような評価についても当然、検討を加える必要があるが、ここでは、右の史料をもう少しくわしくみてゆくことで、その点について考えてゆくことにしよう。

天文二年の山鉾と町

そこでまずは、山本大蔵のところへやってきた、下京の六六町の月行事についてである。下京とは、中世、上京《かみぎょう》とともに都市京都を代表する都市域を意味しており、戦国時代においては、惣構《そうがまえ》とよばれる堀・土塁・木戸門などによって囲繞《いにょう》された、一種の環濠《かんごう》集落、城塞都市を形成していた。

そしてそのなかに、社会集団、共同体としての町《ちょう》が形成されていたわけだが、右の史料によって、この時期、下京には六六の町があったことが読みとれる。もっとも、この六六という数字、額面どおりにうけとってもよいのか判断にまようところである。

これよりおよそ四〇年前の明応三年（一四九四）に下京でおこった大火のさいにも、焼失したのは「六十六町ばかり」（『和長記《かずながき》』七月六日条）と記されており、四〇年もたっているにもかかわらず、町の数が増えないのは不自然といわざるをえないからである。おそらくこの六六という数字は、実数ではなく、「六十六箇国《ろくじゅうろつかこく》」が日本全国を意味するように、全体をあらわすことばとみたほうが自然であろう。

図 2－5　下京の町々（米沢市上杉博物館所蔵「上杉本洛中洛外図屏風」）

それはそれとして、下京の各町には、「クワチキヤチ」＝月行事という月交代の役職があったことがわかる。そのため紙芝居にも月行事が登場していたわけだが、ただし、月行事とそのほかの人びととのあいだに格差があったのかどうかについてはさだかではない。

その点で注目されるのは、月行事とともにやってきた触口・雑色についてである。この両者ともに、室町幕府 侍所《さむらいどころ》の下級役人として、「祇薗（園）会御警固《けいご》」（『蜷川家文書《にながわけもんじょ》』）などをおこなっていた[7]ことでも知られており、そのなかに下京「あや小路《こうじ》」に居住する沢村や下京「六角町《ろっかくちょう》」に居住する水谷など、富裕な商工業者としての酒屋・土倉《どそう》のすがたが確認できるからである[8]。

よって、どちらかといえば、こちらとのあいだに格差がみられたと考えられるが、いずれにしても、月交代の役職があったという事実からは、この時期の町が、社会集団、共同体として自律的な活動をしていたといえよう。

ただ、それとあわせて注目されるのは、町と山鉾との関係が確認できる初見が、じつは右の史料であるという点である。しかも、都市民衆のうち法華宗徒は、法華一揆として大坂本願寺の攻撃に参加しているから、ここで登場してきた月行事たちと法華一揆とは別個の存在であったという点にも注意が必要であろう[9]。

このように、右の史料にみえる町や月行事にはなお検討すべき点も少なくないが、その町や月行事が山鉾を渡したいといっている以上、これらがこの時期の山鉾のにない手であったことはまちがいない。

ただ、だからといって、紙芝居や映画が描いたように、このとき祭礼が延引になったにもかかわらず、彼らの力によって山鉾だけを巡行させることができたのかといえば、それについては、疑問といわざるをえないであろう。

これから五年後の天文七年(一五三八)にも祇園会は延引となったが、その年の一二月二一日に追行《ついこう》(月日をかえて後日に執行)されたさいには、「祇園会山鉾これを渡す」(『親《ちか》俊日記《としにっき》』同日条)とあるように、神輿渡御とともに山鉾も巡行した事実が確認できるからである。

もし、紙芝居や映画が描いたように、天文二年の段階で、神輿渡御など神事がおこなわれないなか、山鉾だけが巡行できたのであれば、それ以降も同じようになされたはずである。

にもかかわらず、天文七年の段階でも、神事の延引、そして追行に連動して山鉾も巡行している以上、それからさかのぼること天文二年の段階では、「神事これなくとも、山ホコ(鉾)渡したき」という願いは実現できなかったとみたほうが自然であろう。

祭礼の追行

こうしてみると、戦国時代においては、神輿渡御と山鉾巡行とは、切っても切り離せない、一体のものとみられていたことがうかがえる。実際、それを裏づけるように、延引が決まってからわずか二か月後に祭礼の追行を幕府が命じてきたおりにも、つぎのような奉書（『祇園社記』一六）が出されている。

祇園会七日山鉾のこと、重ねて調《ととの》うべきの儀、迷惑のとおり、下京町人《しもぎようちようにん》ら言上《ごんじよう》のとき、社家と相談すべきの段仰せ出だされおわんぬ、しかるに山鉾なくんば、しかるべからざるの条、あい調うべきの旨彼の地下人《じげにん》に仰せ付けらるるの条存知せしめ、神事無為《ぶい》に遂げらるべきのよし、仰せ出だされそうろうなり、よって執達くだんのごとし、

天文二

八月九日　（飯尾）堯連判

（松田）盛秀判

当社執行御房

六月の延引からわずか二か月後になぜ祇園会追行を幕府が命じることになったのか、そ

の理由については、さだかではない。

ただ、可能性としては、六月の段階で延引となっていた日吉社の祭礼が、六月二四日におこなわれたこと（『御《お》湯殿上日記《ゆどののうえにっき》』六月二四日条）が、理由のひとつとして考えられるだろう。

あるいは、『祇園執行日記』六月二三日条に「今日大坂へ以前立ちそうらいつる法華宗、京の武士ども大坂と和睦とやらいいそうろうて、ぞろぞろ早あがりそうろう、今日京少しと（ママ）しずまりそうろう」とみえるように、晴元と大坂本願寺とのあいだで「和睦」が成立し、晴元勢や法華一揆が帰還して、京都にも一時の平和がおとずれたことも理由としてあげられるかもしれない。

その理由はともかくとして、右の奉書によって、六月から遅れること二か月後の八月に祇園会は追行されることになったわけだが、今度は「下京町人ら」が、「七日山鉾」を「重ねて調」えることは、「迷惑」といい出した。

しかしながら、「山鉾なくんば、しかるべからざる」（山鉾巡行がないとは、けしからぬ）、「彼の地下人」（「下京町人ら」）に山鉾をととのえるよう命じるので、「神事」も無事におこなうよう、祇園執行に命じるものである、というのが右の奉書の意味するところである。

ここで、なぜ下京町人らが山鉾を「重ねて」ととのえることを迷惑といい出したのかという点が問題となるが、先にもふれたように、六月の式日のときには山鉾巡行はできなかったと考えられるので、一年に二度も山鉾巡行するのが迷惑という意味ではないだろう。だとすれば、ここにみえる「重ねて」ということばは、祭礼が式日前日になって突然延引と決まったため、すでに準備万端ととのっていた山鉾もいったん解体せざるをえず、それらをまた、一から準備してゆくことはむずかしい、というような意味合いで考えたほうが自然である。

もっとも、もう少し注意深く史料をみてみると、別の角度からの考えも可能である。なぜなら、ここで下京町人らがととのえるのが迷惑だといっているのは、「七日山鉾」に限定されているようにみえるからである。

七日山鉾と十四日山々

「七日山鉾」とは、本来の式日の六月七日、神輿が祇園社から京中の御旅所《おたびしょ》に渡る神幸《しんこう》のまえに巡行する山と鉾を指す。すでにふれたように、山鉾巡行は、この「七日山鉾」とならんで、神輿が御旅所から祇園社へかえる六月一四日の還幸《かんこう》のまえに巡行する「十四日《じゅうよっか》山々《やまやま》」（『二水記』大永二年六月一四日条）の二度にわたっておこなわれていた。

そのため、いつのころからか（おそらくは江戸時代以降）、「七日山鉾」を前祭《さきまつり》、「十四日山々」を後祭《あとまつり》とよぶようになったが、いずれにしても山鉾巡行は、まったく異なる山や鉾のグループによって二度おこなわれていたことをふまえるなら、このときも「十四日山々」が巡行することについては、問題がなかったことになろう。

このときなぜ、「七日山鉾」に下京町人らが難色を示したのかという理由まではわからない。ただ、下京町人らのあいだでも、「七日山鉾」と「十四日山々」に対する温度差があったことだけは読みとれよう。

その結果、天文二年の祇園会はどうなったのかといえば、それは、近衛尚通《このえひさみち》の日記『後法成寺関白記《ごほうじょうじかんぱくき》』八月二三日条に「祇園会今日執行なり」とみえることからもわかるように、八月の下旬に追行されたことがあきらかとなる。

旧暦の八月下旬といえば、七月中旬の盂蘭盆《うらぼん》も越え、秋風吹く季節である。天文七年のときのように、年末の一二月よりは、少しは式日に近いとはいえ、梅雨まだあけずといった季節に本来の式日があることを考えれば、季節はずれの感はいなめなかったであろう。

しかしながら、奉行人の飯尾堯連が九月三日付で祇園社の役人（社代）山本宛に出した書状（『八坂神社文書』）のなかで、「祇園会のこと、無為の節を遂げられそうろう、珍重《ちんちょう》にそうろう、この度の儀は、かくのごとくあい調えそうろう段、まことに神慮《しんりょ》にそうろう」と、無事に祇園会が追行されてよかったと記している以上、神輿渡御のみならず、「七日山鉾」も「十四日山々」もともに巡行した可能性は高い。

いずれにしてもこのようにして、天文二年の祇園会は、実際には八月下旬に追行されたのであった。

都市民衆と幕府と延暦寺大衆

以上、ここまでみてきたことをまとめると、つぎのようになろう。

天文二年の祇園会は、まず五月の段階で、近江の桑実寺に避難を余儀なくされていた将軍足利義晴の強い意向で、六月の式日どおりに執行することを目標に準備がはじめられた。ところが、日吉社の祭礼が延引しているにもかかわらず、祇園会をおこなうことはゆるされない、もしとりおこなえば、祇園社へ軍勢を寄越すという延暦寺大衆の圧力のまえに、祇園社も、将軍義晴も、そして近江の六角定頼も腰くだけとなり、式日の前日、六月六日に延引されることが決められる。

そこへ、「神事これなくとも、山ホコ《(鉾)》渡したき」と、下京の六六町の月行事・触口・雑色らが祇園社をおとずれるが、神輿渡御と山鉾巡行とを切り離すことは、戦国時代では不可能であり、ともに延引されることになった。

日吉祭が追行され、政治状況にも変化がみられると、将軍義晴は、祇園会の追行を命じる。これに対して下京町人らは、「七日山鉾」をととのえることに難色を示すが、結局、八月の下旬、無事に祇園会は追行されることになった。

このように、残された史料からあきらかとなる天文二年の祇園会の実態と、紙芝居や映画で描かれてきたものとをくらべてみると、かなりの違いがみられる。むしろこれほどの違いがあるにもかかわらず、これまで問題とされてこなかったことに不自然ささえ感じるが、ただし、史料からみちびかれた内容と、紙芝居や映画が語る内容とを、同じ土俵のうえで比較することは、あまり建設的とはいえない。

その意味でも、問題にすべきは、やはり、紙芝居や映画にひきつがれてきたイメージをささえる二項対立的なものの見方のほうであろう。

実際、天文二年の祇園会にかぎったとしても、ここまでみてきたように、都市民衆の動向や幕府との関係だけに注目して、その実態にせまることは不可能であり、延暦寺大衆の動きなども含めて、相互の関係のなかでとらえなければならないことはもはやあきらかといえるからである。

したがって、つぎにみてゆかなければならないのは、ひとつには、将軍義晴がなぜあれほど強い意向をもって祇園会の執行を命じたのか、つまり幕府と祇園会との関係であり、また、ふたつには、その意向を阻止した延暦寺大衆と祇園会との関係になろう。

権門体制と王法仏法相依

そこで、次章以降では、これらの点について、応仁・文明の乱によって停止に追いこまれてから三三年後、ようやく再興されることになった明応九年（一五〇〇）の時点にまで立ちもどってみてゆくことにしたいが、そのまえに、中世という時代における幕府と延暦寺など寺社（寺院と神社）との関係についてもふれておく必要があろう。

その関係は、中世と近世、つまり織田信長や豊臣秀吉の登場以前と以後とでは、大きな違いがみられる。その違いをひとことでいうのはむずかしいが、わかりやすくいえば、中世では、その関係は、近世以降のように、支配するものと支配されるものといったようなものではなく、むしろ同列といったほうが近かった。

もっとも、同列であったのは、幕府と寺社だけではなく、朝廷も同様で、このように、武家（幕府）・公家《こうけ》（朝廷）・寺社といった複数の権門《けんもん》が競合・対立しつつも、たがいに補完関係を保ちながら、権力や権限を分けあう中世独特の国家権力のありかたを権門体制(10)とよんでいる。

この体制のもとでは、幕府が一方的に寺社を支配したり、弾圧したりすることはありえなかった。また、注意しておかねばならないのは、ここでいう寺社とは、武家や公家と同じように、おもな経済基盤を荘園《しょうえん》や公領《こうりょう》など土地におく、延暦寺や興福寺、あるいは日吉社や春日社《かすがしゃ》といった、京都や奈良近辺に所在する旧仏教（顕密《けんみつ》仏教ともいう）系の巨大な寺院や神社を指している点であろう。

したがって、荘園や公領に経済基盤をおかない、新仏教（鎌倉新仏教）とよばれる浄土真宗や法華宗（日蓮宗）などの寺院は、ここには入らないわけだが、武家や公家など世俗権力と寺社のあいだには、さらに宗教的な関係もみられた。

というのも、中世の世俗権力は、みずからの正当性を旧仏教の論理のなかに見いだし、逆に、寺社のほうも世俗権力を宗教的に護持《ごじ》することによって、みずからの存在意義を見いだしていたからである。

このような関係は王法仏法相依《おうほうぶっぽうそうい》とよばれ、中世では、王法＝世俗権力と仏法＝寺社との関係は、あたかも鳥の翼のように、あるいは車の両輪のように、片方だけでは存在しえないものとたとえられた。そのため、中世の世俗権力は、その政策の第一として、常に仏神《ぶっしん》事《じ》の興行をかかげざるをえなかったが、それゆえ逆に、寺社からの要求や圧力を無視するわけにもゆかなかったのである。

先にみたように、将軍足利義晴があれほど強い意向をもって祇園会を執行させようとしていたにもかかわらず、延暦寺大衆の圧力によって、あっさりとひきさがったのは、大衆の軍事力もさることながら、なにより延暦寺という、仏法の中核をなす寺社の要求を無視するわけにはゆかないという王法としての立場もあったと考えられよう。

神仏習合と寺社

なお、中世は、神仏習合《しんぶつしゅうごう》の時代であり、神と仏は一体のものとしてとらえることが一般的であった。むしろ、仏の力のほうが強いとされ、神は仏の仮のすがたであるとまでいわれた。そのため、中世では、寺院と神社も一体化しており、日吉社も延暦寺と一体、その末社である祇園社も、延暦寺を構成する三塔のうち、横川の末寺として位置づけられていた(11)。

したがって、中世では、祇園社も神社というより寺院といったほうが正確であり、あの一六歳の少年執行玉寿丸をはじめとして、祇園執行を世襲した宝寿院の院主もまた僧侶であった。そのことを念頭におけば、延暦寺大衆が祇園執行のもとへ書状を送ってきた理由も理解することができよう。

幕府と祇園会との関係、あるいは延暦寺大衆と祇園会との関係をみるにあたっても、以上のようなことを知っていなければ、わからないことも少なくない。これらのことを念頭におきながら、つぎの章へとすすんでゆくことにしよう。

注

(1) 今谷明『室町幕府解体過程の研究』(岩波書店、一九八五年)に代表される。

(2) 一九八〇年代以降の法華一揆にかかわる研究成果は、西尾和美「「町衆」論再検討の試み——天文法華一揆をめぐって」(『日本史研究』三二九号、一九八一年)、藤井学『法華衆と町衆』(法藏館、二〇〇三年)、今谷明『天文法華の乱——武装する町衆』(平凡社、一九八九年)に代表される。また、河内将芳『日蓮宗と戦国京都』(淡交社、二〇一三年)も参照。

(3) この事実をはじめて指摘されたのが、注(2)前掲、西尾氏論文である。

(4) 中世の山門延暦寺については、下坂守『中世寺院社会の研究』(思文閣出版、二〇〇一年)、同『京を支配する山法師たち——中世延暦寺の富と力』(吉川弘文館、二〇一一年)、同『中世寺院社会と民衆——衆徒と馬借・神人・河原者』(思文閣出版、二〇一四年)参照。

(5) 西島太郎『戦国期室町幕府と在地領主』(八木書店、二〇〇六年)。

(6) 山訴については、注(4)前掲、下坂氏『中世寺院社会と民衆——衆徒と馬借・神人・河原者』参照。

(7) 丹生谷哲一『〔増補〕検非違使——中世のけがれと権力』(平凡社ライブラリー、二〇〇八年)。

(8) 河内将芳『中世京都の民衆と社会』(思文閣出版、二〇〇〇年)。

(9) 注(2)前掲、西尾氏論文参照。

(10) 黒田俊雄『黒田俊雄著作集　第二巻　顕密体制論』(法藏館、一九九四年)。

(11) 注(4)前掲、下坂氏『中世寺院社会の研究』参照。

第三章　室町幕府にとっての祇園祭

1　祇園祭の再興

再興までの道程

応仁《おうにん》元年（一四六七）にはじまった応仁・文明の乱によって停止に追いこまれた祇園会《ぎおんえ》は、乱が終わってもなお、ながく再興されなかった。

その理由はさだかではないが、ひとつには、応仁元年に祇園社も兵火にかかり、その年の一二月の段階で「神事今に退転」（『祇園社文書』）であったこと、また、文明二年（一四七〇）には、「祇園炎上以来、神体五条あたりに入りたてまつる」（『大乗院寺社雑事記《だいじょういんじしゃぞうじき》』六月二六日条）と伝えられているように、神体も祇園社にいられない状況などが影響していたと考えられる。

結局のところ、再興の動きがあらわれるには、乱からおよそ三〇年後の明応《めいおう》年間（一四九二～一五〇一）まで待たなければならなかった。それでは、そのとき祇園会の再興を主導したのは、紙芝居や映画が描いたように町衆や都市民衆だったのであろうか。じつは、ここでも事実は大きく異なっている。

たとえば、残された史料のなかで、再興の動きを伝えるもっとも古い史料（『祇園社記』一六）は、つぎのようなものとなっている。

祇園会のこと、三十余年におよび退転の条、十穀聖縁実《じっこくひじりえんじつ》と相談し、所々に勧進《かんじん》せしめ、神輿を造立《ぞうりゅう》すべきの段、左方大政所《さかたおおまんどころ》神主宮千代《みやちよ》に御奉書《ごほうしょ》をなされおわんぬ、早くその旨を存知せしめ、祭礼再興を専《もっぱ》らにせらるべきのよし、仰《おお》せ出《い》だされそうろうなり、よって執達《しったつ》くだんのごとし、

明応五

閏二月十三日

（諏訪）種貞判

（諏訪）貞通判

当社執行《しぎょうご》御房《ぼう》

右の史料も、第二章に出てきたものと同じ、室町幕府の奉行人《ぶぎょうにん》が、主人である将軍の命令を伝達するために出した奉書《ほうしょ》とよばれる文書である。したがって、その内容は、ときの将軍足利義澄《よしずみ》の命令となる。

この義澄、じつは、第二章で登場した将軍義晴の父にあたる人物である。彼が将軍になれたのは、ときの管領《かんれい》細川政元《まさもと》が明応二年（一四九三）四月にクーデターをおこし、将軍足利義材《よしき》を追放して、そのかわりに擁立したためである。

このクーデターのことを明応の政変とよんでいるが、右の史料は、それからおよそ三年たったころのものである。幕府の実権は、細川政元のにぎるところではあったものの、幕府の首長は将軍であったために奉行人の奉書として命令がくだされた。

命令の内容は、兵火によって焼失か、あるいは破損してしまった神輿について、「十穀聖縁実」と相談したうえ、「勧進」によってつくりなおすよう、「左方大政所神主宮千代」に命じたので、祇園社においても「祭礼再興」に尽力せよ、となる。

三基の神輿と御旅所

「はじめに」でもふれたように、祇園会は、中世においても、また現代においても、山鉾巡行と神輿渡御《みこしとぎょ》というふたつの祭事によって成り立っている。また、山鉾巡行は、神輿渡御より遅れて、鎌倉時代末期ころからつけ加えられた、あたらしい祭事であった。

その神輿渡御にかかわる神輿は三基（図3－1）あり、中世のよび名では、大宮《おおみや》・八王子《はちおうじ》（八大王子）・少将井《しょうしょうい》といった。おのおのの神輿はそのかたちに特徴があり、大宮は六角形で屋根の上に烏鳥《うどり》（鳳凰）が乗り、八王子は四角形で葱華《そうか》（宝珠《ほうじゅ》）、そして、少将井は八角形で烏鳥が乗っていた。また、渡御する順番も決まっており、大宮・八王子・少将井となっていた。

ちなみに、いつのころからか不明だが、八王子と少将井が入れ替わり[1]、現在では、八角形の神輿を八王子とよんでいる。しかしながら、三基の神輿であることには変わりはない。

図３－１　現在の神輿

三基の神輿は、旧暦の六月七日（現在は七月一七日）の夕刻に祇園社を出て、御旅所《おたびしょ》に渡る。これを神幸《しんこう》、あるいは神輿迎《みこしむかえ》というが、中世では、神輿が渡る御旅所が二か所あり、大宮と八王子は大政所御旅所（左方御旅所）に渡り、少将井は少将井御旅所（右方御旅所）に渡った。

それから七日後の六月一四日（現在は七月二四日）の夕刻、三基の神輿はおのおのの御旅所を出て、祇園社へとかえる。これを還幸《かんこう》、あるいは祇園会（祇園御《ご》霊会《りょうえ》）といったが、このことからもわかるように、本来、祇園会とは、六月一四日の還幸を意味したのであった。

ちなみに、御旅所は現在一か所となっている。これは、豊臣秀吉の時代に、二か所の御旅所が四条京極《しじょうきょうごく》に移動、統合させられた結果である。かつての大政所御旅所は、高辻東《たかつじひがし》洞院《のとういん》に、また、少将井御旅所は冷泉東洞院《れいぜいひがしのとういん》にあり、また、おのおの御旅所は、方四町《ほうしちょう》（約一二〇メートル×一二〇メートルの広さ）の敷地をもち（一九〇頁の図5-1参照）、そこには本社とは別に神主がいた。右の史料にみえる宮千代が、明応五年（一四九六）時点の大政所御旅所の神主であり、その宮千代に対して、幕府は神輿のつくりなおしを命じたのである。

もっとも、神輿のつくりなおしには、膨大な費用がかかる。このときの見積りでも、神輿一基で一〇〇貫文、それが三基で三〇〇貫文、それに神輿をかざる装束だけで二七〇〇貫文かかるとされている（『八坂神社文書』）。おそらく宮千代や祇園社の力だけではどうしようもなかったであろう。

となれば、幕府がその費用を工面してくれるのかといえば、そういうことはなく、十穀聖の縁実（縁実房）と相談するようにといっている。十穀聖とは、別名、勧進聖《かんじんひじり》ともいい、縁実もまた勧進聖だったわけだが、中世では、この勧進という募金活動が絶大な力を発揮した。京都でも、戦国時代、数多くの寺院や神社、あるいは橋などが勧進によって建設、修復されている。じつは、大政所御旅所を勧進によって「修造」したのも、縁実房であった（『八坂神社文書』）。

要するに、幕府は縁実房の勧進能力に期待していたわけだが、とはいっても、さすがに今回のような膨大な費用をすぐに集めることはできなかったのであろう。結局、明応五年に祇園会が再興されることはなかった。

明応九年の再興

しかしながら、幕府のほうは、一年でも早く祇園会を再興させたかったようで、翌明応六年には、「榊《さかき》をもって神輿に准ず」（『祇園社記』一六）といった先例までもち出し、祇園執行に祭礼再興を命じている。

ところが、それも実現することはなく、結局、それから三年後の明応九年になって、ようやく実現のめどがつきはじめる。もっとも、それでも、ことはすんなりいかなかったようで、しかも、そのときもまた、都市民衆の動きより幕府の動きのほうが史料からは読みとれる。

当年祇園会あるべきの旨、京中一昨日仰せつけらる、神輿三基沙汰《さた》すべきの条、一段の大儀なり、これは、奈良の興福寺《こうふくじ》大乗院《だいじょういん》門跡《もんぜき》尋尊《じんそん》の日記『大乗院寺社雑事記』五月二〇日条にみえる記事である。これによって、京都では、幕府が「一昨日」、つまり五月一八日に祇園会の再興を命じたことがわかる。

奈良にいた尋尊も、三基の神輿を用意するのはむずかしそうだという観測をもっていたが、それを裏づけるように、五月一八日に幕府が出した奉書（『八坂神社文書』）にも、「当年においては、まず榊をもって執行すべきの旨、奉書をなされおわんぬ」と記されている。明応六年のときと同様、榊を神輿のかわりにしてでも祭礼をおこなうよう幕府は命じていた。

幕府としては、どのようなことがあっても、この年には祇園会を再興したかったようだが、ところがそれから数日して、祇園執行のもとへはつぎのような書状（『八坂神社文書』）がとどけられることになる。

神訴《しんそ》につき、小五月会《こさつきえ》以下神事抑留《よくりゅう》のうえは、祇園会のこと、抑留あるべきものなり、よって先祓《せんはら》（干）いのこと、かなうべからざるのよし、先度《せんど》触れ送るといえども、重ねて徹《てつ》送《そう》せしむるものなり、万一下知《げち》に応じずんば、厳科《げんか》に処すべきのよし、衆儀《しゅうぎ》（議）により折紙の状くだんのごとし、

根本中堂《こんぽんちゅうどう》
閉籠衆《へいろうしゅう》

五月廿六日

祇園社執行方へ

差出にみえる根本中堂とは、延暦寺三塔《えんりゃくじさんとう》のうちの東塔《とうとう》の中心にあたる堂舎のことであり、閉籠衆とは、そこへ閉籠した大衆《だいしゅ》を意味する。(2) つまり、この書状は、延暦寺大衆が送ってきたものだが、その内容とは、つぎのようなものであった。

「神訴」（山門《さんもん》延暦寺の訴訟）によって、小五月会以下の神事がとどめられている以上、祇園会もまたとどめられなければならない。したがって、先祓い（千祓い）もできないことを伝えてあるが、再度、伝えるものである。もし万一、大衆の下知にしたがわなければ、厳科に処すことを閉籠衆の衆儀（衆議）によって決したので、それを折紙で命じる。

図3-2　延暦寺東塔根本中堂

ここに登場する小五月会とは、日吉《ひよし》小五月会とよばれる日吉社の祭礼であり、これによって、右の史料が語る内容が、天文二年と同じようなものであったことはあきらかといえよう。

幕府の強い意向

天文二年のときは、結局、延暦寺大衆の圧力に幕府も屈したわけだが、それでは、この明応九年はどうだったのだろうか。それについては、つぎの幕府奉行人の奉書（『祇園社記』一六）から読みとることができる。

祇園会のこと、御榊《おんさかき》をもって執行せらるるの儀、先例なきの段申し入れられそうろうといえども、神事退転しかるべからざるのあいだ、非例《ひれい》たるといえども、その節を遂げらるべきの旨、たびたび仰せらるるのうえは、たとい日吉祭礼等遅滞あるといえども、当社の儀においては、厳密に下知を加え、神事を専《もっぱ》らにせらるべし、もし難渋《なんじゅう》の族《やから》あらば、一段御成敗《ごせいばい》あるべきのよし、仰《おお》せ出《い》だされそうろうなり、よって執達《しったつ》くだんのごとし、

明応九

六月一日　　　　清房（飯尾）判

当社執行御房　　（飯尾）元行判

前半部からは、まず、六月一日という式日直前にいたっても、神輿のつくりなおしがまにあわず、そのため幕府は、くりかえし榊をもって神輿に准ずるよう祇園社へ命じていたことがわかる。

それに対して祇園社側は、先例をたてにして難色を示したものの、幕府としては、「神事退転しかるべからざる」（神事が退転しているのはけしからぬ）、したがって、「非例たるといえども」（先例がなかったとしても）、神事をおこなうよう強く命じていたことが読みとれよう。

一般に中世という時代は、先例がなににもまして優先された時代として知られている。そのことからすれば、右にみえる幕府の主張がいかに異例なものであったのかが知られる。が、それ以上に、このとき幕府が不退転の決意をもっていたことを示しているのが、このあとにみえる「たとい日吉祭礼等遅滞あるといえども、当社の儀においては、厳密に下知を加え、神事を専らにせらるべし、もし難渋の族あらば、一段御成敗あるべきのよし、仰せ出だされそうろう」（たとえ、日吉社の祭礼が遅れようとも、祇園社においては、式日どおりに神事をおこなわなければならない。もし、それに難色を示すものがいたなら、幕府として、きびしく成敗する）という一文であった。

幕府も、これより先、五月二六日に根本中堂閉籠衆から書状が祇園社へとどいていたことは承知していたはずである。にもかかわらず、このようなことを明言しているからには、このときの幕府は延暦寺大衆との対立も辞さないかまえで、ことにあたっていたことが知られよう。

再興された祇園会

その結果、明応九年（一五〇〇）六月七日に祇園会は再興されることになる。

このときのようすを伝える諸記録からは、当時の人びとがおどろきと歓迎の気持ちをもってこの日をむかえたことがうかがわれるが、そのいくつかを紹介しながら、ようすをみてゆくことにしよう。

近年中絶せしむ祇園御霊会再興すと云々《うんぬん》、三十六年これなし、しかれども当年またこれあり、これは、九条尚経《ひさつね》の日記『後慈眼院殿御記《ごじげんいんどのぎょき》』六月七日条にみえる記事である。「三十六年これなし」というのはあやまりで、実際は三三年であるが、じつは、尚経がこのように書きあやまるのも無理はなかった。

尚経が生まれたのは、応仁二年（一四六八）一一月。つまり応仁・文明の乱がおこった翌年にあたり、今回の祇園会は、三三歳（『公卿補任《くぎょうぶにん》』）の尚経にとって、生まれてはじめて目にしたものだったからである。三三年というブランクが、いかに長い年月であったのかがしのばれるが、おそらく尚経と同じように感じた人びとは少なくなかったであろう。

祭礼の順序としては、夕刻からはじまる神輿渡御をまえに、山鉾巡行が早朝からおこなわれる。そのため、諸記録もそちらのほうを先に記している。

諸家《しょけ》、桟敷《さじき》を構う、万人市《ばんにんいち》をなすと云々、おのおのの見物の輩《ともがら》いわく、前年の風流《ふりゅう》の十分の一におよばずと云々、

これも『後慈眼院殿御記』の記事だが、応仁・文明の乱以前より、公家や武家は、山鉾巡行を桟敷（観覧席）を構えて見物するのがならわしであった。このときもまた、沿道に桟敷が構えられていたことがわかる。また、公家や武家以外の多くの庶人は、沿道で見物

したのであろう、「万人市をなす」という人出がみられた。

これら多数の見物人のまえを山鉾は巡行したわけだが、尚経のようにはじめて見物するものはともかくとして、三三年前を知る「見物の輩」からすれば、その巡行は少しさびしいものに映ったようである。なぜならそれは、以前の「風流」（山鉾）の十分の一にもおよばなかったからである。

しかも、「山鉾渡る時分、甚雨《じんう》」（『忠富王記《ただとみおうき》』六月七日条）であったため、「山鉾など道具ことごとくもって損《そん》じおわんぬ」（『大乗院寺社雑事記』六月八日条）とあるように、せっかくきれいにかざられた山鉾の風流も大雨で壊れてしまったというから、余計にさびしくみえたのかもしれない。

山鉾の数

このように、「見物の輩」からは、「十分の一におよばず」といわれた山鉾であったが、それでは、このときの巡行には、具体的に何基の山や鉾がみられたのだろうか。この点については、近衛《このえ》政家《まさいえ》が記した日記『後法興院記《ごほうこういんき》』六月七日条にみえる記事が参考となる。

甚雨たりといえども、山鉾渡りおわんぬ、山廿五《にじゆうご》、鉾一なり、一乱《いちらん》以前のごときにあ

らず、最略儀《さいりやくぎ》なり、

近衛政家は、このとき五七歳（『公卿補任』）。応仁・文明の乱以前のことも見知っている彼は、「飛鳥井《あすかい》宰相《さいしょう》」（飛鳥井雅俊《まさとし》）が構えた「桟敷において」酒を酌みかわしながら見物したようだが、自分たちの桟敷のまえを巡行する山や鉾をひとつずつ数えたのであろう、山が二五基、鉾が一基みられたと記している。しかしながら、乱以前を知る政家にとっても、それは、「一乱以前のごときにあらず、最略儀」といわざるをえなかった。

七日の山鉾がこのようであったとすれば、一四日のほうはどうだったのかといえば、『後法興院記』六月一四日条に「祇園会去る七日のごとしと云々、ただし、山十ほか鉾なし」とみえる。こちらも乱以前よりは少なかったらしく、山が一〇基だけだったことがわかる。

このように、再興された祇園会の山鉾は、乱以前と比較すれば、数としてはかなり少ないものになってしまったようである（表1、図3－3参照）。もっとも、なぜそのようになってしまったのか、その理由についてはよくわからない。

可能性としてはいくつか考えられるが、その理由のひとつとしてあげられるのは、やはり今回の再興がぎりぎりまで不確実だったという点であろう。だいたい、祇園社自身が延

表1　明応九年に再興された山鉾（『祇園会山鉾事』より）

式日	記載順	山鉾名	所在地	次第	注記
七日	A	ナキナタホコ	四条東洞院トカラス丸トノ間也	一番	先規よりあい定めおわんぬ
	B	天神山	五条坊門トアヤノ小路間也	二番	
	C	いほしり山	錦小路西洞院ト四条ノ間也	三番	
	D	たい子のそま入山	五条坊門油小路ト高辻ノ間也	四番	
	E	内裏ノ花ヌス人山	五条東洞院トタカクラトノ間也	五番	
	F	花見中将山	四条烏丸トアヤノ小路間也	六番	
	G	タルマ山	四条坊門油小路トニシキノ小路ノ間也	七番	
	H	かつら男山	四条町ト室町ノ間也	八番	
	I	山伏山	四条油小路トニシキノ小路ト間也	九番	コマサライ
	J	伯楽天山	五条坊門トアヤノ小路ノ間也	十番	
	K	まうそう山	四条烏丸トニシキノ小路ノ間也	十一番	
	L	神功皇后山	ニシキノ小路烏丸ト室町ノ間也	十二番	アユツリ
	M	かさはやし	四条油小路ト西洞院間也	十三番	
	N	はうか山	四条町トニシキノ小路間也	十四番	
	O	天神山	ニシキノ小路ト町ノ間也	十五番	トヒムメ
	P	みち作山	四条西洞院ト町間	十六番	
	Q	琴ハり山	アヤノ小路町西洞院ノ間也	十七番	

	R	菊水山	ニシキノ小路ト室町四条ノ間也	十八番	
	S	布袋山	四条坊門ト町ト室町ト間也	十九番	
	T	こきやこはやし	あやのこうちト室町間	廿番	
	U	はうか山	ニシキノ小路町ト西洞院ノ間也	廿一番	
	V	山伏ミ子入山	四条坊門室町トニシキノ小路トノ間也	廿二番	
	W	あしかり山	アヤノ小路油小路ト西洞院ノ間也	廿三番	
	X	八幡山	四条油小路トアヤノ小路ノ間也	廿四番	
	Y	にわ鳥山	四条室町トアヤノ小路トノ間也	廿五番	
	Z	大舟	四条町トアヤノ小路ノ間也	廿七(六)番	先規あい定めおわんぬ、終にこれを渡す
十四日	a	うしわか殿	四条坊門と烏丸との間也	一番	先規より一番なり
	b	八わた山	三条町と六かくの間也	二番	
	c	すゝか山	三条からす丸	三番	
	d	くわんおんふたらく	六かく町と四条坊門之間也	四番	
	e	あしうさうしやうめう	六かくからすまると室町之間	五番	
	f	大友の黒主	三条室町と六かくの間也	六番	
	g	龍門瀧	六かく室町と四条坊門との間也	七番	
	h	かつら山	四条坊門と油小路之間也	八番	
	i	ゑんの行者	あねか小路室町と三条之間也	九番	
	j	たか山	三条町と室町との間也	十番	

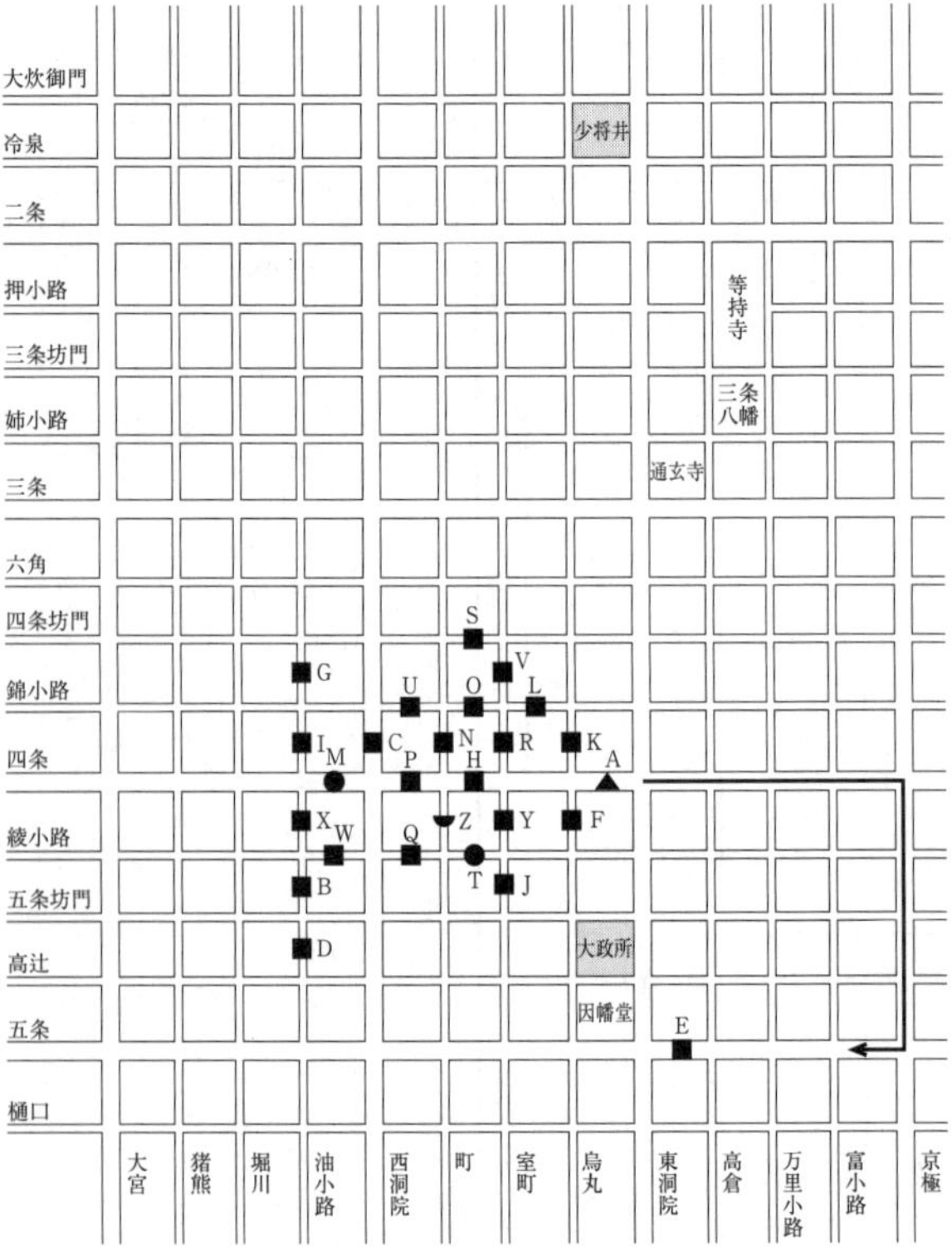

七日（「祇園会山鉾次第以鬮定之　明応九六六」『祇園会山鉾事』）

▲ ほく·ほこ·鉾　◗ 舩·船·舟
■ 山　● はやし物

図3－3　明応9年再興時の山鉾所在地（アルファベットは表1と対応）

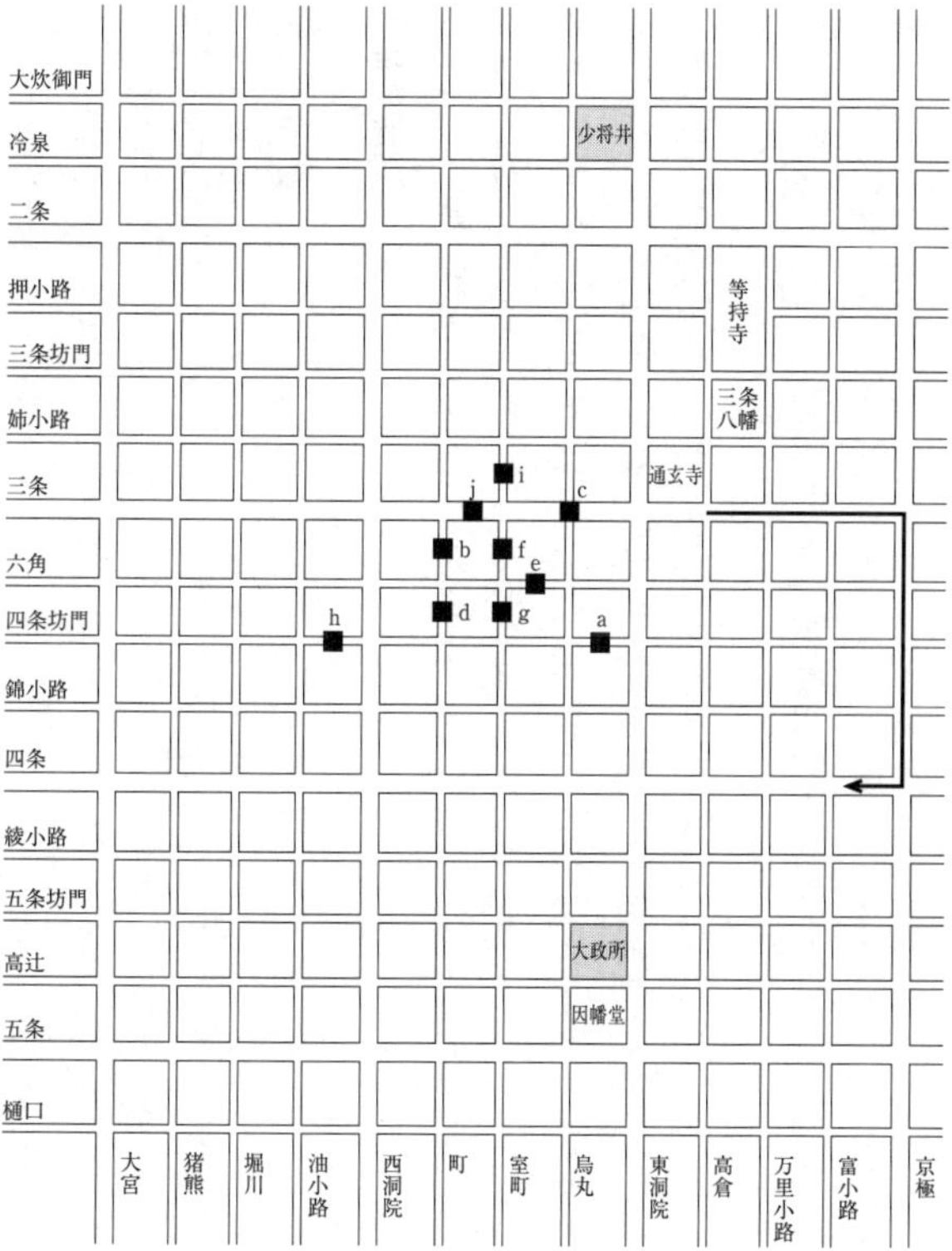

十四日（「六月十二鬮次第」『祇園会山鉾事』）

暦寺大衆の書状が送られてきたこともあって、および腰だったのだから、山や鉾を準備してもよいのかということはさらに不確実であったにちがいない。

その意味では、ぎりぎりまで不確実なことばかりだったにもかかわらず、七日には二六基の山鉾が、また一四日には一〇基の山が巡行できたのは、それらをになう人びとの尽力のたまもの以外のなにものでもなかったといえよう。

神輿渡御

さて、山鉾巡行が以上のようであったとすれば、もういっぽうの神輿渡御はどうだったのだろうか。先にみたように、幕府自身、神輿のつくりなおしがまにあわなければ、榊をもって准ずるようにといっていたが、実際のところはまにあったようである。

たとえば、『大乗院寺社雑事記』六月八日条に「三社神輿は新造か」と記されているし、また、『後慈眼院殿御記』六月一四日条にも、つぎのようにみることができるからである。


十四日、雨ふる、御霊会なり、喧嘩出来《けんかしゅったい》す、数刻闘諍《とうじょう》す、よって疵《きず》をこうむり、戦い死に数十人、その数を知らずと云々、神輿振り棄てたてまつると云々、六月一四日のできごとなので、還幸のときのことである。祭礼の興奮にともなって、喧嘩がおこり、負傷者だけでなく死者も出た。そのため、神輿が途中で振りすてられて、祇園社にかえることができなかったという。

じつは、祇園会においては、応仁・文明の乱以前から、神輿渡御のさいにはしばしば喧嘩がおこっていた。したがって、喧嘩自体はことさらめずらしいものではなかったが、ただ、ここで神輿が振りすてられたという以上、神輿がつくりなおされていたことはあきらかといえよう。

ちなみに、神輿は、『後慈眼院殿御記』六月一五日条に「祇《ぎ》苑《おん》(園)御輿帰座《きざ》しおわんぬ」とみえることから、翌一五日には無事、祇園社へかえることができたようである。

2　幕府と祇園祭

将軍による見物

先にもふれたように、応仁・文明の乱以前においては、武家や公家が桟敷を構えて、山鉾巡行を見物するのがならわしであったが、なかでも注目をあびていたのが、将軍（あるいは室町殿《むろまちどの》）による見物である。

このような将軍による祇園会見物のことを祇園会御成《おなり》(3)とよんでいる。また、御成ということばからもわかるように、見物の桟敷は、将軍ではなく、家臣たちが構え、そこへ将軍がおとずれるというかたちが基本であった。

有名なところでは、永和《えいわ》四年（一三七八）六月七日、加賀守護富樫昌家《とがしまさいえ》が四条東洞院《しじょうひがしのとういん》に構えた桟敷に御成した将軍足利義満《よしみつ》（図3－4）が、その桟敷に「寵愛《ちょうあい》」する「大和猿楽《やまとさるがく》児童《こわらわ》」をつれ、見物にのぞんだことが知られている（『後愚昧記《ごぐまいき》』六月七日条）。

この「児童」こそ、「観世《かんぜ》の猿楽法師《ほうし》の子」（観阿弥《かんあみ》の子）とよばれた、のちの世阿弥《ぜあみ》にほかならず、義満はこの少年世阿弥と「席を同じく」したばかりか、「器《うつわ》を伝《つた》え」（ひとつの酒器で酒を飲み）、ふたりの関係をみせつけたことでも話題となった。

このような義満の桟敷でのふるまいはかなり特別なものであったが、将軍が見物することについては、その年どしの祇園会にとっても関心事であったらしい。諸記録には、かならずといってよいほどそのことが記されている。

足利義澄と祇園会

明応九年のときも、当然、将軍の見物に関心が集まったと考えられるが、実際はどのようだったのだろうか。

図3－4　足利義満肖像
（鹿苑寺所蔵）

武家見物あるべきのよし風聞《ふうぶん》のところ、下行物《げぎょうぶつ》過分《かぶん》のあいだ、事行《ことゆ》かずと云々、よって密々女《みつみつじょ》中《ちゅう》の桟敷へまかり出でらると云々、あるいは、京兆《けいちょう》の桟敷へと云々、

これは、『後法興院記』六月七日条にみえる記事

である。ここからは、「武家」（将軍）の見物があるとのうわさはあったものの、「下行物」の費用がかかりすぎるというので、実現しなかったことがわかる。

将軍が御成するとなると、むかえるほうも膨大な費用がかかった。当然、おとずれる将軍も手ぶらというわけにはゆかず、それ相応の手みやげ＝「下行物」が必要であったが、その費用まではまかなえないと幕府が判断したのであろう、義澄の見物は実現しなかったことがあきらかとなる。

もっとも、義澄自身は見物したかったらしく、「密々」（こっそりと）、女房衆の桟敷へやって来たとか、あるいは、「京兆」（右京大夫《うきょうのだいぶ》細川政元）の桟敷にやって来たとのうわさを『後法興院記』は記している。

もしそれが事実であれば、義澄も一応、祇園会を見物したことになる。ただし、それはあくまで非公式なもので、『大乗院寺社雑事記』六月八日条が「公方《くぼう》御見物なし」と明言しているように、このとき公式には祇園会見物はなかった。

それに対して、政元は、「四条面《しじょうおもて》には細川桟敷五間《けん》」（『大乗院寺社雑事記』六月八日条）とあるように、桟敷を構えて見物している。そして、そこへもし義澄が「密々」にやって来て見物したのだとすれば、それは、みずからの将軍御所を構えず、政元の宿所の一郭を御所としていた(4)義澄の立場も反映することになったであろう。

細川政元と祇園会

このようにしてみると、今回、祇園会の再興を強引なまでに実現させたのは、将軍足利義澄というよりむしろ、細川政元であった可能性が高いように思われる。

それを裏づけるように、再興以降、しばらく式日どおりに祇園会が執行されるなか、諸記録は、不思議なことに、義澄ではなく政元の見物の有無を書き記すようになるからである。

ときには、「細川右京大夫（政元）、桟敷入りの後、山ども渡る」（『言国卿記《ときくにきょうき》』文亀元年六月一四日条）とあるように、政元が桟敷に入ったことを確認してから、山鉾巡行がはじまることもあった。そして、そのきわめつきというべきことが、明応九年から六年後、永正《えいしょう》三年（一五〇六）におこることになる。

> 祇園会あり、山王祭《さんのうさい》これなきあいだ、延引すべきのよし、兼ねてその沙汰あるといえども、今日細川京兆（政元）見物のあいだ、山ホコ（鉾）祭礼等ありと云々、先規《せんき》は、十二月に延引の例これありと云々、

右は、近衛政家の子近衛尚通《このえひさみち》の日記『後法成寺関白記《ごほうじょうじかんぱくき》』六月七日条にみえる記事である。この年、日吉社の祭礼「山王祭」（日吉祭）が式日どおりにおこなわれなかったため、祇園会もまた延引することが決まっていた。ところが、細川政元が見物するというので、山鉾巡行だけはおこなわれたことがあきらかとなる。

このことは、かなりの驚きをもってうけとられたらしく、三条西実隆《さんじょうにしさねたか》もその日記『実隆公記《さねたかこうき》』同日条に「祇園会、山鉾等結構《けっこう》す、細川六郎《（澄元）》ら見物のため」と記している。

たしかに、『後法成寺関白記』が語るように、応仁・文明の乱以前の例としては、日吉社の祭礼が延引となった場合、多くは一二月に日吉社の祭礼が追行《ついこう》され、それにあわせて祇園会も追行されるのが常であった。

ところが、今回は、その先例を無視したばかりか、神輿渡御がおこなわれないなか、山鉾巡行だけがおこなわれるという、異例中の異例のできごとがおこった。このことからも、明応九年、延暦寺大衆が祇園社に対して圧力をかけていたにもかかわらず、祇園会が再興されるにいたった原動力が、細川政元の強い意向にあったことが知られる。と同時に、このような幕府の後押しがあれば、祇園会では、山鉾巡行だけがおこなわれることも可能であったといえよう。

これからおよそ三〇年後、天文二年（一五三三）に下京《しもぎょう》六六町《ちょう》の月行事《がちぎょうじ》・触口《ふれくち》・雑色《ぞうしき》たちは、「神事これなくとも、山ホコ《鉾》渡したき」という主張をすることになる。もしそのとき、当時の幕府が、当初の決意どおりに「明応九年ならびに永正三年の御成敗の旨にまかせ」、つまりはここでみた政元の先例にならって、延暦寺大衆の圧力に屈しなかったのなら、それもまた実現をみたかもしれない。

このことからもわかるように、少なくとも祇園会山鉾と幕府とが、これまでいわれてきたように対立関係になかったことだけはあきらかといえよう。

ちなみに、『後法成寺関白記』六月一四日条には、「祇園会あり」と記されており、どのようなかたちであったのかについてはさだかでないものの、祇園会がおこなわれたことが確認できる。

三三年と怪異

それでは、なぜ政元は、祇園会の再興に対して強い意向を示すことになったのであろうか。そしてまた、なぜ、その年が明応九年だったのであろうか。残念ながら、この点について直接解答を示してくれるような史料は残されていない(5)。

ただ、そのようななかでも、ひとつだけヒントになりそうなものがある。それは、祇園会が応仁元年（一四六七）に停止されてから三七年後の明応三年（一四九四）にあらわれた、

「先年一乱の後に、ことを左右に寄せ、一度闕《けつ》の儀をもって、三十三箇年停《とど》むべきのよしを称して、霊会《りょうえ》をおこなわざるの旨、もっとも腹立ちなり」(6)(『後慈眼院殿御記』八月一四日条)という、祇園の神の「神勅《しんちょく》」(神のお告げ)である。

とりわけ、そこにみえる「三十三箇年」という年数が重要で、これに注目してみると、同じ『後慈眼院殿御記』明応三年一二月一六日条にも、「今日日吉祭礼あるべし、去る四月に延引す、これ旧冬《きゅうとう》、土一揆のため神輿炎上のゆえなり、ここに一年闕如《けつじょ》せば、かならず卅三ケ年停廃《さんじゅうさんかねんちょうはい》のあいだ、まずかたちのごとく勤むべし」という記事も見いだされることになる。

どうやらこの年、明応三年は、祇園会と日吉祭にかかわって、「三十三箇年」「卅三ケ年」＝三三年という年数がクローズアップされていたことがわかるが、もっとも、ここでなぜ三三年という年数が出てくるのか、その理由についてはさだかではない。

ただ、日吉祭のほうにみえる、「ここに一年闕如せば、かならず卅三ケ年停廃のあいだ、まずかたちのごとく勤むべし」(一年でも祭礼を欠くようなことになれば、かならずそれは三三年停止に追いこまれることになるであろう、だから、なんとしても形式どおり執行されなければならない)という一文は、裏をかえせば、一旦停止となった祭礼は、少なくとも三三年以後にはかならず再興される、いなむしろ再興されなければならないと読むことも可能であろう。それと符合するように、祇園会が停止に追いこまれた応仁元年から三三年を加えてみると、明応九年（一五〇〇）、すなわち祇園会再興の年と重なるからである。

もっとも、計算のしかたによっては誤差も出てくるであろうし、これではあまりにも都合がよすぎる。しかしながら、先の「神勅」を九条尚経が「恠異《かいい》」（怪異）とも記している点に注目するなら、より信憑性があがってくることになろう。

なぜなら、中世における恠異とは、オカルト現象などではけっしてなく、むしろ、すぐれて政治性をおびた現象として、朝廷や幕府など当時の世俗権力は、それに対するなんらかの対処をもとめられたからである。(7)

明応三年といえば、明応の政変によって政元が幕府の実権をにぎってからわずかな年月しかたっていない。そのようなときに、右のような恠異がおこれば、それに対して敏感になったとしても不思議ではないであろう。まして、政元といえば、「常は魔法をおこないて、近国《きんごく》・他国《たこく》を動か」（『細川両家記《ほそかわりょうけき》』）すとまでいわれた人物として知られるから、なおさらであったのかもしれない。

もっとも、ここで注意しておかなければならないのは、『後慈眼院殿御記』にみられる「神勅」や恠異については、現在のところ、ほかの史料で補強することができていない点である。

したがって、右のような考えかたも仮説以上のものではないが、先例を無視し、祇園会を日吉社の祭礼より優先的にあつかうようになった動機としてはわかりやすいものではないかと考えられる。

『祇園会山鉾事』

ところで、政元が幕府を主導していたころ、祇園会にかかわって、ひとつの記録が作成された。表紙に「祇園会山鉾事《やまほこのこと》」と記された記録がそれである。

従来、この記録は、中世の祇園会を考えるさい、もっとも基本的な史料としてあつかわれてきた。中世における山鉾の具体名が記されている史料は、これ以外には知られていないからである。

そのため、祇園会にかかわる書物や論考などでは、これまでかならずといってよいほど、この史料がつかわれてきた。ところが、あらためて検討を加えてみると、さまざまな問題もかかえていることが、少しずつあきらかとなってきた。

その詳細については、著者の論集『中世京都の都市と宗教』（思文閣出版、二〇〇六年）で検討を加えているので、そちらを参照していただきたいが、その問題のごく一部を紹介してみると、つぎのようになる。

たとえば、そのひとつが、これまでつかわれてきた活字本の『祇園会山鉾事』（『祇園社記』一五）には、記載もれや書きあやまりがみられるという点である。

なぜそのようなことがわかるのかといえば、現在、八坂神社に所蔵されている『祇園会山鉾事』とみくらべてみると、応仁・文明の乱以前の山鉾のなかに、「あしかり山」（芦刈山）や「さきほく」（鷺鉾《さぎほこ》）といった、ふたつの山鉾が書きもらされていたことがあきらかとなるからである。その結果、乱以前の山鉾の数は五八基から六〇基へと修正しなければならなくなった。

また、この史料自体の作成年代についても問題がみられる。従来は、明応九年に再興されたときの山鉾の名前が列挙されているため、明応九年に作成されたかのようにいわれてきた。しかしながら、つぎの奥書に注目してみると、そうではないことがあきらかとなる。

右山鉾、御再興の時より永正四年にいたり、不易《ふえき》の申し沙汰す、
祇園社家《しゃけ》奉行《ぶぎょう》（飯尾加賀守）飯加清房時に公人奉行、
　侍所《さむらいどころ》　開闔《かいこう》予《よ》頼亮（松田）
右一冊拾壱枚、祖父かくのごとく注《しる》し置くの条、これを相写し、判形《はんぎょう》を加うるものなり、

永禄《えいろく》三年九月十八日　　頼隆《（松田）》（花押）

奥書をみる場合、定石として、まず一番最後の年月日に注目する必要がある。そこで、この部分をみてみると、八坂神社所蔵の『祇園会山鉾事』が記されたのは、明応九年からかぞえて六〇年後にあたる永禄三年（一五六〇）であり、それを記したのが、直筆のサインである花押と署名をしている松田頼隆《よりたか》という人物であったことがわかる。

この松田頼隆も、幕府の奉行人として知られているが、なぜ、彼がここに署名をしているのかといえば、そのまえの行の文章から、彼の「祖父」が「注し置」いた冊子「一冊」を、このときに「相写」したためであったことが読みとれる。

したがって、さらにそのまえの部分の文章は、祖父松田頼亮《よりすけ》が注し置いた冊子に書かれていた奥書となり、『祇園会山鉾事』のオリジナルにあたるものは、この頼亮によって作成されたこともあきらかとなる。

となれば、頼亮は、その『祇園会山鉾事』を明応九年に作成したのかといえばそうではなく、「御再興の時より永正四年にいたり」と本人が記していることからもわかるように、はやく見積もっても永正四年（一五〇七）以降となろう。

侍所開闔松田頼亮

この永正四年、山鉾巡行はその前年までと同様、式日どおりにおこなわれたが、それからわずか数日後、細川政元がみずからの家督相続の争いにまきこまれて暗殺されるという重大事件がおこっている。

このことを念頭においてみると、「御再興の時より永正四年」まで「不易の申し沙汰」（いつまでも変わらないとりはからい）と頼亮がわざわざ記していることにも特別な意味合いがあったようにみえる。

また、応仁・文明の乱以前の山鉾の一部を記した最後のところにも、頼亮はつぎのような文章をつづっている。

> 祇園会のこと、御再興、時に頼亮侍所開闔、山巳《やまい》下《か》申し付くのあいだ、先規の次第、古老《ころう》の者たるにより、小舎人《ことねり》新右衛門男に相尋ねおわんぬ、そもそもこの大会《たいえ》御再興の時節、頼亮当職《とうしき》、しかしながら冥加《みょうが》たるか、

応仁・文明の乱によって停止に追いこまれてから三三年、そのころには、以前どのような山鉾があったのかすら、昔を知る古老に尋ねてみなければわからない状態になっていた。

さいわい、侍所の下級役人である小舎人の新右衛門男がその古老であったため、彼の記憶をたよりに書き記したのが、この直前の部分となる。

このとき頼亮は、侍所開闔の職にあったが、侍所とは、京中の警察活動をになう機関であり、開闔とは、その侍所寄人《よりゅうど》の筆頭を意味する。侍所には、もともと頭人《とうにん》や所司代《しょしだい》といった、開闔にとっては上司にあたる役職がおかれていた。ところが、応仁・文明の乱のころから、それらが任命されなくなったため事実上、開闔が侍所をになう職となっていた(8)。

先にもみたように、祇園会の再興を主導したのは細川政元である。しかしながら、その実務をになっていたのは、この頼亮や祇園社家奉行の飯尾清房たちと考えられる。その仕事は、おそらく骨の折れることばかりだったにちがいないが、それでも、三三年ぶりの祇園会再興に尽力できたことは、彼らにとっても「冥加」だったのであろう。

頼亮と鬮取り

その仕事のなかには、つぎのようなものもあったと、頼亮は『祇園会山鉾事』に記している。

今度御再興已後《いご》、山鉾次第、町人ら諍論《じょうろん》のあいだ、鬮《くじ》取り次第なり、前々日、町人

ら愚亭《ぐてい》に来たり鬮取りす、雑色《ぞうしき》ら来たり入り、申し付く、

じつは、この部分、現代もつづく山鉾の籤取《くじと》りの起源を示すものとして、よく知られた史料である。しかしながら、もう少し注意深くみてみると、ここにも検討の余地がありそうである。

たしかに、「山鉾次第」（山鉾の順番）をめぐって、「町人ら」が「諍論」（争い）し、そのため、「鬮取り」によって順番が決められたことはまちがいない。また、このとき、山鉾をになう人びとが町人とよばれ、その町人らが順番を争っているからには、山鉾に対する強い思いをもっていたこともまちがいないだろう。

しかしながら、それらのこととあわせて、鬮取りが、「愚亭」（頼亮の屋敷）で、しかも開闔である頼亮や侍所の下級役人である雑色の立ち会いのもとおこなわれたことには注意が必要である。おそらく、鬮取りを提案し、鬮を用意したのも、頼亮だったのであろう。

だとすれば、このとき町人らは、みずからの争いをみずからの力で解決できなかったことになるわけだが、そうみるのではなく、むしろここにあらわれたような関係が、山鉾と幕府との関係を象徴するものだったといえはしないだろうか。

これまでは、あまりにも山鉾やそれをになう町人と幕府との関係を対立的にみることが

多かった。しかしながら、このような微妙な関係こそが実態であり、また、そのようにみることではじめて、史料をとおしてうかがえる、細川政元や侍所開闔松田頼亮と山鉾との関係も理解できることになるのではないだろうか。

そこで、そのことを確認するためにも、ひきつづき時代を追って幕府と祇園会との関係をたどってゆくことにしよう。

二度の祇園会

永正四年に政元が暗殺されたのち、政局は、翌永正五年(一五〇八)に大きく転回する。四月に将軍足利義澄が近江《おうみ》へ逃亡、六月には、政元によって追放された足利義稙《よしたね》(義材《よしき》を改名したもの、義尹《よしただ》とも名乗ったことがある)が周防《すおう》守護の大内義興《おおうちよしおき》とともに入京し、政元の養子である細川高国《たかくに》にむかえられるからである。

おそらくは、このような混乱にともなってであろう、『実隆公記』六月七日条が伝えるように、「祇園会延引」となっている。明応九年から永正四年まで、政元の強い意向のもと、なんとか式日どおりにおこなわれてきた祇園会は、ここで再興後はじめて延引することになる。

結局は、それからおよそ三か月後の九月二一日に祇園会は追行されたが(『実隆公記』九月二一日条)、しかしながら、これを境に式日は迷走をくり返すようになる。

たとえば、永正八年も、「当年祇園御霊会これなし、これ日吉祭なきによるなり」と『実隆公記』六月七日条が伝えるように、例によって日吉祭の延引にともなって、祇園会もまた延引したことがわかる。ところが、この年はさらに問題がこじれたようで、ついに越年してしまうことになる。

これまでであれば、延引となった日吉祭も一二月までには追行され、それと連動して祇園会も追行されるのが慣例であった。そのことに照らせば、前例のない異常事態といえる。となれば、この年、永正八年の祇園会は中止になってしまったのかといえば、そうではなかったことがつぎの史料からあきらかとなる。

祇園会去年未進《みしん》、かたく大樹《たいじゅ》(足利義稙)より仰せ出ださるるのあいだ、今日これを執行す、

これは、『後法成寺関白記』永正九年五月二三日条にみえる記事だが、「去年未進」(去年おこなわれていない)の祇園会が、「大樹」(将軍)に再任された足利義稙の命令によって、この年の五月二三日に追行されたことが知られる。

しかも、『実隆公記』同日条には「今日祇園会山鉾これを渡す、去年分」と記されてお

り、山鉾もこの五月に巡行したことがわかる。おどろかされるのは、同じ『実隆公記』六月七日条に「今日祇園会」とみえるように、それから一〇日あまりたった六月七日には、永正九年分の祇園会もおこなわれたことが確認できる点であろう。

六月七日は式日なので、その日に祭礼がおこなわれるのは当然だとしても、その結果、永正九年は、一年に二度、祇園会がおこなわれるという異例な年となってしまったからである。

しかも、このように一年に二度、祇園会がおこなわれたのは、戦国時代においては、この永正九年にかぎられたことではなかった。

たとえば、これから三年後の永正一二年も、式日どおりに祇園会がおこなわれたにもかかわらず（『守光公記《もりみつこうき》』六月七日条）、もう一度おこなわれたことがつぎの史料（『暦仁以来年代記《りゃくにんいらいねんだいき》』）から知られる。

> 上意《じょうい》として、祇園会両度これあり、七月廿二日、七日祭礼、同廿五（九カ）日、十四日祭礼なり、

「上意」（将軍義稙の命令）によって、この年は祇園会が「両度」（二度）あった。七月二

二日には「七日祭礼」がおこなわれ、七月二五日には「十四日祭礼」がおこなわれた、というのが右の史料の意味するところである。

残念ながら、このときのことは、右の史料以外に関連するものがなく、くわしいことはわからない。しかしながら、ここにみえる「七日祭礼」「十四日祭礼」とは、「七日山鉾」「十四日山々」を意味すると考えられるので、山鉾巡行だけがおこなわれた可能性は高いであろう。

その点では、永正九年とは少し状況が異なるのかもしれないが、ただ、この永正一二年と同じようなことは、もう一度、確認することができる。それは、義稙が高国と対立して淡路《あわじ》に出奔したのち、義稙にかえてむかえられた足利義晴《よしはる》、つまり第二章でも登場した将軍義晴の時代、大永《たいえい》二年(一五二二)のことであった。

大永二年の祇園会

鷲尾隆康《わしのおたかやす》の日記『二《に》水記《すいき》』によれば、六月七日条には「祇園会例年のごとし」、また、六月一四日にも「祇園会」と記されており、この年、祇園会は式日どおりにおこなわれたことがわかる。

ところが、奈良の興福寺大乗院門跡であった経尋《きょうじん》の日記『経尋記《きょうじんき》』の六月八日条をみてみると、つぎのような記事を目にすることができる。

将軍（足利義晴）近日御ハシカと云々、来る廿日《はつか》に、七日・十四日祇園会風流《ふりゅう》ともにもって、御所へ押すべきのよし、御下知と云々、

ときに義晴一二歳（『公卿補《くぎょうぶ》任《にん》』）。このころ「ハシカ」にかかっていたようだが、それと来る六月二〇日に「七日・十四日祇園会風流」を将軍の御所へ押すようにとの命令とがどのように関係しているのかについては、これだけではわからない。しかしながら、実際に祇園会がおこなわれた六月二七日の記事をみてみると、その関係があきらかとなる。

さる七日・十四日両日の祇園会風流、大樹（足利義晴）御《ご》歓楽《かんらく》により御見物なし、よって今日重ねて三条高倉御《さんじょうたかくらご》所《しょ》へこれを押さる、

すなわち、「大樹」（将軍義晴）が、「歓楽」（病気）により、式日には祇園会を見物できなかったため、それを二七日に「重ねて」「七日・十四日両日の祇園会風流」（山鉾）を巡行させ、三条高倉御所で見物することになったという。

このことは、『二水記』の同日条にも、「今日祇園会のこと、武家（足利義晴）御見物のため沙汰せしめおわんぬ、式日に御不例によるなり」とみえ、よく知られた事実だったようである。もっとも、元服を終えたとはいえ、数えでまだ一二歳の少年が、このとき、このような命令を出すことができたのかどうかについてはさだかではない。

おそらくは、義晴をむかえた細川高国などが、幕府の権威を示すために、将軍に任官して最初の祇園会ということで、応仁・文明の乱以前におこなわれていた祇園会見物を再現しようと画策したのが実際のところだったのであろう。

再現された祇園会御成

それでは、このときの祇園会見物は、具体的にはどのようなものだったのだろうか。

先にもふれたように、将軍が祇園会を見物するためには、桟敷《さじき》が必要である。その桟敷は、家臣が構えなければならなかったが、このとき、桟敷を構えたのは、『二水記』が「京極《きょうごく》申し沙汰なり、旧例たり」と記しているように、近江の六角《ろっかく》氏と同族で、近江国北部に本拠地をもっていた京極高清《たかきよ》であった。

ここで「旧例」とされているのは、応仁・文明の乱以前の祇園会見物では、六月七日には京極宿所に、六月一四日には細川宿所に将軍が御成するのが恒例だったからである[9]。も

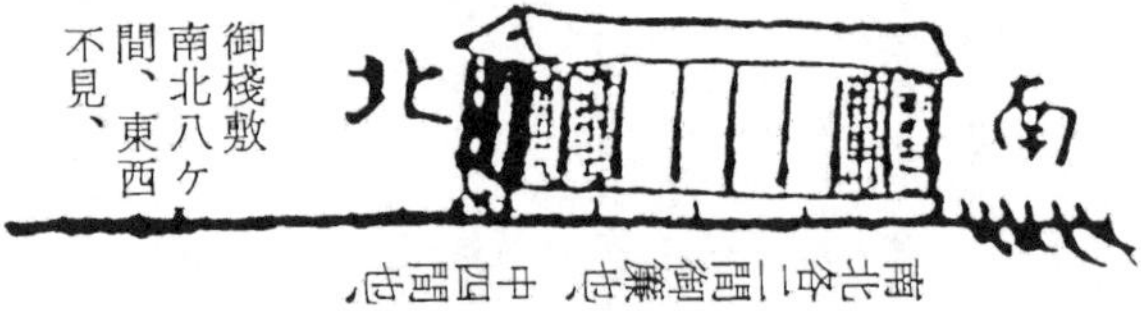

図3-5　桟敷図（大日本古記録『二水記』）

っとも、祇園会見物の場合、桟敷は京極宿所に構えられるのが常であったが、このとき、京極高清が下京に宿所を構えていたのかどうかについてはさだかではない。

実際、今回の桟敷は、「三条御所桟敷」（『経尋記』六月二七日条）とよばれているように、将軍御所である三条御所の「未申《ひつじさる》の角」（西南の角）に構えられている。したがって、厳密には御成とはいえなかったであろう。

このときに構えられた桟敷の規模は、『経尋記』によれば、南北に八間《けん》（約一四メートルあまり）、東西に二間（約四メートル弱）、そのうちの一番南側にあたる御簾《みす》のかけられた二間四方の空間に将軍義晴が入り、そのつぎの二間には細川高国ら、また、そのつぎの二間には近習《きんじゅう》や奉行人たち、そして一番北で御簾のかけられた二間四方には女房衆《にょうぼうしゅう》が入って、祇園会を見物したという。

ちなみに、『二水記』にはこの桟敷の絵が描かれてあり（図3-5）、それをみてみると、たしかに南北の端二間だけに御簾がかけられている。また、全体を三角の屋根が覆っており、将軍や女房衆は、雨風の心配もなく、御簾ごしに祇園会を見物したことがあきらかとなろう。

山鉾の巡行ルート

それでは、この桟敷のまえを山鉾はどのように巡行したのであろうか。この点については、『二水記』がつぎのように記していることが手がかりとなる。

山鉾等、等持寺《とうじじ》前を東に行き、御所の唐門《からもん》前を南に行き渡る、七日鉾山等渡りおわんぬ、御所において一献《いっこん》ありと云々、数刻後、十四日山々また渡る、

等持寺とは、足利氏の菩提寺であり、この時期、下京の横の通りである三条坊門小路《さんじょうぼうもんこうじ》（御池通《おいけどおり》）に南門を開いていた。したがって、山鉾は、この三条坊門小路を東へ進んだことがわかる。

この等持寺の敷地は、竪《たて》の通りでいえば、高倉小路《たかくらこうじ》（高倉通）と万里小路《までのこうじ》（柳馬場通《やなぎのばんばどおり》）のあいだを占めていたが、『二水記』によれば、この等持寺の「南門の西、坤《ひつじさる》の角」にも桟敷が構えられ、鷲尾隆康らはここで見物したという。

そして、山鉾は等持寺のまえを通りすぎたあと、三条御所の唐門のまえを南へ進んだと

されているので、竪の通りである高倉小路か万里小路のどちらかを通ったことになる。一般に将軍御所は、西側に唐門と四足門《しそくもん》を構えるのが常とされているから、万里小路を南にすすんだ可能性が高くなろう（図3－6）。

よって、三条御所桟敷も万里小路に面して構えられたことがわかるが、「七日鉾山」（七日山鉾）を見物したあと、御所内では一献（宴会）がひらかれ、その後、「十四日山々」も同じルートを巡行したという。

ちなみに、『経尋記』には、「晩におよび雨ふるのあいだ、風流の山・船どもぬれおわんぬ」と記されており、あとに巡行した「十四日山々」が雨でぬれてしまったことがわかる。このことからも、今回は、一日のうちに、「七日山鉾」と「十四日山々」がともに巡行したところに特徴がみられる。

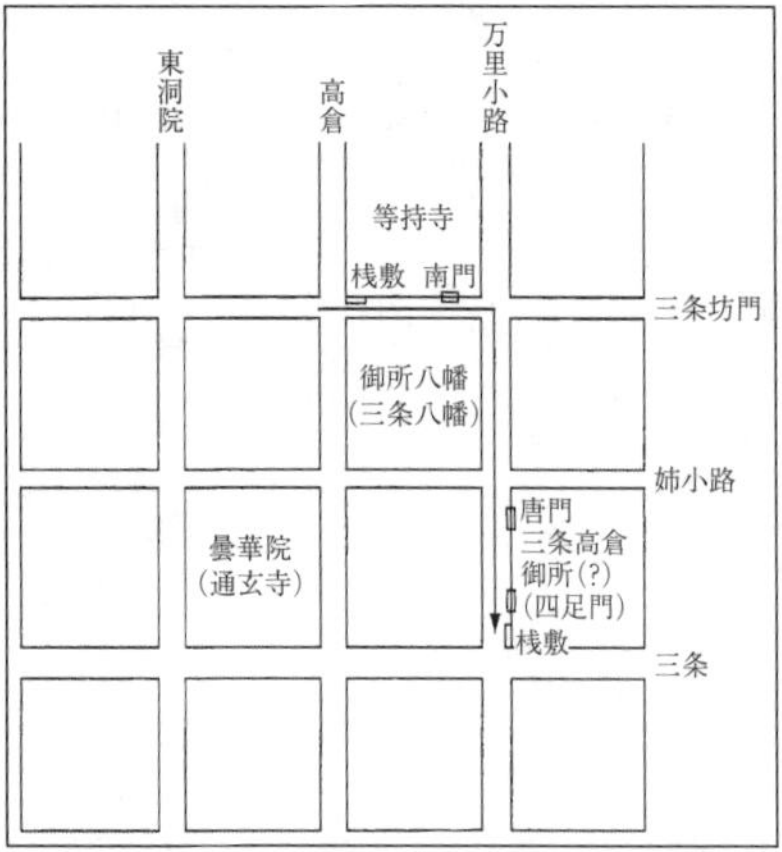

図3－6　大永2年6月27日山鉾巡行路

先にふれたように、前将軍義稙のときも、永正一二年に二度、山鉾巡行がおこなわれたが、それでも、七月二二日に「七日祭礼」、七月二五日に「十四日祭礼」と二日に分けておこなわれていた。そのことを考えれば、今回のケースがいかに異例だったのかが知られよう。

戦国時代の将軍と祇園会

それでは、なぜそのようなことが可能だったのか。その理由を示す史料がないためなんともいえないが、ただ、先にもふれたように、義晴にとっては、将軍任官後、最初の祇園会であったことをふまえるなら、高国ら幕府側の意図は、おぼろげながらも見当がつきそうである。

今回、義晴が、祇園会を見物するためだけに、上京の岩栖院《がんせいいん》から当日早朝おとずれた下京の三条御所は、前将軍義稙の御所であり、その義稙が出奔後、むかえられたのが義晴だったからである。

このように、前将軍の御所で新将軍が祇園会を見物することは、義晴をむかえた高国ら幕府にとっても、権力が継承されたことを知らせる意味で(10)、きわめて有効だったにちがいない。

ただし、このとき義晴は一二歳。この少年自身がこのことについてどれだけ意識していたのかという点はさだかではないが、そのような本人の意識とは別に、今回の経験は、幼い義晴の心にも強烈な印象として刻みこまれることになったであろう。

もし、そうでなかったのなら、第二章でみたように、近江への避難を余儀なくされるなか、わざわざ式日どおりに祭礼執行を命じる奉書を出すことにはならなかったのではないだろうか。

しかも、その奉書には、「去る明応九年ならびに永正三年の御成敗の旨にまかせ」という一文がみられる。そこには、祇園会を再興にみちびき、そののち数年間は式日どおりに山鉾を巡行させた細川政元の強い意志に対するあこがれもこめられていたように思われる。それは同時に、その政元のもと、傀儡《かいらい》に甘んじざるをえず、祇園会見物もできなかった、父義澄の思いをかなえることでもあったのかもしれない。

そういえば、政元によって追放されながらも、再度将軍となった義稙もまた、祇園会に対して強い思い入れをもっていたことがうかがわれる。それが、一年に二度、祇園会をおこなわせることにつながったようにも思われるが、いずれにしても、このようにして、戦国時代の将軍たちは、政元によって再興された祇園会に対して、複雑でありながらも、それだけに強い思いをいだくことになっていった(11)。

もっとも、これらは、あくまで将軍や幕府側の思いであって、実際に山鉾をになう側がどのように考え、対応していたのかという点については、あきらかにすることができない。

それは、幕府と山鉾との直接的な関係をさぐる史料がとぼしいためでもあるが、そのことを別の角度から考えるためにも、次章では、祇園会をめぐって、ときに幕府と対立の様相をみせた、延暦寺大衆と祇園会の関係についてみてゆくことにしよう。

注

（1）高原美忠『八坂神社』（学生社、一九七二年）。

（2）閉籠衆については、下坂守「中世延暦寺の大衆と「閉籠」――『元徳二年三月日吉社并叡山行幸記』に見える大衆の動向」（『武蔵野文学』四九号、二〇〇一年）、同『中世寺院社会と民衆――衆徒と馬借・神人・河原者』（思文閣出版、二〇一四年）参照。

（3）二木謙一『中世武家儀礼の研究』（吉川弘文館、一九八五年）。

（4）高橋康夫『海の「京都」――日本琉球都市史研究』（京都大学学術出版会、二〇一五年）。

（5）近年、応仁・文明の乱以降の復興過程のなかでの祇園会の位置づけにかかわる具体的な検討が、早島大祐氏『首都の経済と室町幕府』（吉川弘文館、二〇〇六年）によっておこなわれた。そのなかで、明応九年五月に疫病が猛威をみせはじめたことが祇園会再興を敢行させたという指摘もあり、注目される。

（6）この史料に注目した研究成果としては、注（5）前掲、早島氏『首都の経済と室町幕府』がある。

（7）西山克「怪異のポリティクス」（東アジア恠異学会編『怪異学の技法』臨川書店、二〇〇三年）。

（8）木下昌規『戦国期足利将軍家の権力構造』（岩田書院、二〇一四年）。

（9）注（3）、河内将芳『中世京都の都市と宗教』（思文閣出版、二〇〇六年）、同『祇園祭の中世――室町・戦国期を中心に』（思文閣出版、二〇一二年）、同『室町時代の祇園祭』（法藏館、二〇二〇年）参照。

（10）注（4）前掲の高橋氏『海の「京都」――日本琉球都市史研究』のなかで「権力の継承（征夷大将軍叙任など）に際して、旧権力者の本所御所に入り、その後、自身の本所御所を造営する慣行があったのではないかと考えられる」という指摘があり、それをふまえた。

（11）将軍足利義晴が祇園会に対して特別な思い入れをもっていたことは、すでに美術史の視点からの指摘がある（亀井若菜『表象としての美術、言説としての美術史――室町将軍足利義晴と土佐光茂の絵画』ブリュッケ、二〇〇三年）。また、関連する研究として、小谷量子『歴博甲本洛中洛外図屏風の研究』（勉誠出版、二〇二〇年）参照。

第四章　延暦寺大衆にとっての祇園祭

1　日吉社の祭礼と祇園祭

延暦寺末寺・日吉社末社としての祇園社

これまでの章でもみてきたように、中世の祇園会《ぎおんえ》は、日吉祭《ひよしまつり》（山王祭《さんのうさい》）や日吉小五月会《こさつきえ》といった日吉社（日吉大社）の祭礼とのかかわりから、しばしば、その式日に混乱をきたすことがあった。

つまり、中世の祇園会は、それだけが単独で存在していなかったわけだが、そのことは、たとえば、つぎの史料からも端的に読みとることができる。

日吉の末社、帝都において祇園社、北野社《きたのしや》、ゆえに山王祭延引のときは、祇園会これまた延引なり、

これは、天正《てんしよう》一六年（一五八八）以降に記された『日吉社神役年中行事《しんやくねんちゆうぎようじ》』という記録に

みえるものである。天正一六年といえば、豊臣秀吉の時代であり、また、織田信長によって延暦寺《えんりやくじ》や日吉社が焼き討ちされてから十数年たっている。したがって、かなり時代がくだったものとなる。

それでも、日吉祭（山王祭）が延引となったときは、祇園会も延引になるという故実が記されている点で興味深い。また、その理由として、祇園社（八坂神社）が日吉社の末社であったからと記されているが、それも事実であった。

日吉祭、日吉小五月会、祇園会、北野祭

右の史料では、日吉社の末社であったのは、祇園社だけではなく、北野社（北野天満宮）もそうだったと記されている。これもまた事実で、中世では、祇園社と同様、北野社もまた延暦寺横川《よかわ》の末寺だった。よって、北野社でおこなわれていた北野祭もまた日吉社の祭礼と無縁ではいられなかった。

じつは、これら複数の祭礼間の関係については、近年、すぐれた研究[1]が発表されている。そこで、ここでも、その研究によりながら、その実態をみてゆくことにしよう。なかでも、もっとも事態が深刻さをみせた、文安《ぶんあん》六年（七月に宝徳《ほうとく》元年に改元、一四四九）を例にみてゆくことにする。

図4－1　北野社
（米沢市上杉博物館所蔵「上杉本洛中洛外図屏風」）

ことの発端は、前年の文安五年（一四四八）におこされた西塔閉籠衆《さいとうへいろうしゅう》による幕府への訴訟が、東塔《とうとう》・横川をまきこんで、三塔《さんとう》の山訴《さんそ》（山門《さんもん》延暦寺の訴訟）として発展、その解決が翌年の四月まで長びいたことにあった。

この山訴については、四月に一応の解決がはかられたため、四月二二日に日吉祭がおこなわれる。ところが、それからわずか二日後に、「日吉また訴訟あり、山門閉籠あり」（『康富記《やすとみき》』四月二四日条）と、ふたたび山訴がおこなわれ、「坂本小五月会延引、山訴によるなり」（『師郷記《もろさとき》』五月五日条）とあるように日吉小五月会が延引に追いこまれる。

そして、それにともなって、「祇園祭礼延引なり、延暦寺訴訟いまだ落居《らっきょ》せず」（『康富記』六月七日条）と、祇園会も延引になったばかりか、「北野祭延引、日吉神輿動座《みこしどうざ》によるなり」（『康富記』八月四日条）とみえるように北野祭までが延引となってしまった。

四月の日吉祭は、なんとかその月におこなわれたものの、五月の日吉小五月会、六月の祇園会、八月の北野祭が玉突き状態でつぎつぎと延引に追いこまれてゆくようすがみてとれる。そして、その混乱ぶりは、急転直下に問題が解決されたとき、さらに顕著にあらわれることになった。

年も押しつまった一二月になってから、「山訴においては、近日落居」（『康富記』一二月一日条）となったため、急遽、一二月六日に日吉小五月会が追行され、翌七日と一四日には祇園会が、そして、一二日と一五日には北野祭が矢継ぎ早に追行されたことが確認できるからである（『北野《きたの》社家《しやけ》日記《にっき》』）。

このときの祇園会のようすについて、中原康富《なかはらやすとみ》はその日記『康富記』につぎのように記している（前者が一二月七日条、後者が一二月一四日条）。

祇園御輿（神）迎えなり、さる六月、山門訴訟により延引せしむるものなり、例のごとく三基御《お》旅所《たびしょ》に出《い》でしめたもう、鉾山以下風流《ふりゅう》先々のごとく四条大路《しじょうおおじ》を渡ると云々《うんぬん》、

祇園祭礼なり、神幸《しんこう》例のごとし、風流の山笠已下《いか》三条大路を渡ると云々、さる六月延引なり、

式日から六か月がたって、新年をむかえようとしていた一二月も中旬、三基の神輿は、六月のときと同じように御旅所へ渡り、そしてその七日後、御旅所から祇園社へとかえっていた。それとあわせて、山鉾もまた、七日には四条大路（四条通）を巡行し、一四日には三条大路（三条通）を巡行したことがあきらかとなろう。

祭礼間の順序

このように、中世、とりわけ室町時代以降においては、日吉祭（四月）・日吉小五月会（五月）・祇園会（六月）・北野祭（八月）のあいだに厳密な順序がさだめられていたことがわかる。そのため、順序が先の祭礼が延引でもしようものなら、そのあとの祭礼は、どれだけ準備がととのっていたとしても、順序を乱しておこなうことはゆるされず、延引を余儀なくされた。

祇園会の場合、順番として先にあったのは日吉祭と日吉小五月会であり、祇園会の延引にかかわって、日吉祭や日吉小五月会のことが常に話題となっていたのには、このような事情があった。

ちなみに、応仁・文明の乱以前においては、山訴は、おそくとも一二月には解決されることになっていた。(2) 文安六年（宝徳元年、一四四九）の日吉小五月会・祇園会・北野祭が矢継ぎ早に一二月に追行されたのもそのためである。また、その解決が年末ぎりぎりまでもつれた場合はどうなったのかといえば、たとえば、長禄《ちょうろく》二年（一四五八）一二月「卅日《みそか》、甲申《きのえさる》、今日、日吉ならびに祇園会等これをおこなわる、夜に入り還幸《かんこう》す」（『在盛卿記《あきもりきょうき》』一二月三〇日条）とあるように、一日でまとめて追行された。

旧暦には一二月三一日はないので、一二月三〇日といえば大晦日である。その大晦日に、いくつもの祭礼がどのように追行されたのか、具体的なことまではわからないが、おそらく祭礼の順序自体は、一日のなかでも厳密に守られたのであろう。祇園神輿は夜に入って還幸したという。

いずれにしても、ここからは、どのようなことがあったとしても、祭礼は年内には追行しなければならないという不文律があったことが知られる。(3) 第三章で、永正《えいしょう》八年（一五一一）に祇園会が越年してしまったことを前例のない異常事態とのべたのは、これをふまえてのことであった。

恠異と延暦寺大衆

日吉社の祭礼とその末社の祭礼との関係がこのようなものであった以上、それを乱そうとする動きに対して延暦寺大衆《だいしゅ》が、祇園社や幕府に対して圧力をかけるのも無理はなかったように思われる。

ところが、戦国時代の祇園会は、室町時代まではうってかわり、この関係を乱す動きがみられた。それらとは、具体的に明応《めいおう》九年（一五〇〇）と永正三年（一五〇六）、そして、天文二年（一五三三）の三度である。

最後の天文二年のときには、結局、延暦寺大衆の圧力に屈して祇園会は延引に追いこまれたが、ほかの二度については、細川政元《まさもと》の強い意向によって、式日どおりにおこなわれた。

当然、これに対して延暦寺大衆は、なんらかの行動をおこしたと予想される。天文二年のときにについては第二章でみたとおりだが、明応九年のときは、つぎのようなことがおこったと伝えられている。


ある人いわく、中京《なかぎょう》あたりに猿五、六疋出来《ひきしゆつたい》す、また説く、五、六十疋と云々、家々にいたりもってのほかの狼藉《ろうぜき》す、これ去年七月神輿炎上により、日吉祭礼なし、しかれども祇苑《ぎおん》（園）御霊《ごりよう》（会脱カ）あり、よって日吉の御忿怒《ごふんぬ》のゆえ、この災いありと云々、

これは、九条尚経《くじょうひさつね》の日記『後慈眼院殿御記《ごじげんいんどのぎょき》』六月二七日条にみえる記事である。中京と

は、下京《しもぎょう》のなかでも、祇園会のさい、神輿が渡御《とぎょ》し、山鉾が巡行する一帯を指す。そこへ、猿が五、六頭、あるいは五、六〇頭もあらわれ、家々に狼藉をはたらいたという。

ここでなぜ、猿があらわれるのかといえば、猿が日吉社の神獣だったからである。そして、今回の災いは、去年、日吉の神輿が炎上してしまい、日吉社の祭礼がおこなわれなかったにもかかわらず、祇園会だけが式日どおりおこなわれたことに対して日吉の神が立腹しているためだという。

このとき実際に猿が狼藉をはたらいたのかどうかについては、ほかの史料で確認することができないため、さだかではない。ただ、ここで注目しなければならないのは、猿の登場という怪異《かいい》をともなって、右のようなうわさがながれたことであろう。それはそのまま、政元や幕府に対する強烈な非難を意味したからである。

馬上一衆・合力神人制

このように、ここまでみてきたことだけでも、中世の祇園会が単独では存在していなかったことが知られるが、日吉小五月会とのあいだには、さらに密接な関係があったこともあきらかとなっている(4)。

その関係とは、具体的にいえば、祭礼にかかわる用途、つまり費用にまつわるものであ

図4－2　日吉小五月会（光円寺所蔵「月次風俗扇面流し屏風」）

る。もっとも、そのことがあきらかになるのは室町時代以降なので、時代をさかのぼってみてゆくことにしよう。

日吉小五月会にかかわる費用は、馬上役《ばじょうやく》（馬上料足《りょうそく》、馬上合力銭《ごうりきせん》）とよばれ、その額は、わかる範囲だけでも、およそ二千百余貫文《かんもん》あったと考えられている。

中世では、銅銭一枚が一文、それが一〇〇〇枚で一貫文となるから、二千百余貫文がいかに莫大な金額であったのかがわかる。

その莫大な銭を毎年、安定的に集めるためにつくられたのが、馬上一衆《ばじょういちしゅう》・合力神人《ごうりきじにん》制(5)というしくみである。馬上一衆（馬上方《ばじょうかた》一衆）とは、一二人前後の山徒《さんと》の土倉《どそう》によって構成された組織を指し、山徒は妻帯した大衆、また、土倉は金融活動をおこなう高利貸業者を意味する。

つまり、延暦寺大衆の一部は、僧侶のまま金融活動もおこなっていたわけだが、禅住坊《ぜんじゅうぼう》・定泉坊《じょうせんぼう》・正実坊《しょうじつぼう》といった坊号を名乗る、これら山徒の土倉たちは、中世京都の土倉のなかでもトップを占める有力土倉として知られていた。

そして、その馬上一衆の配下に組織されていたのが合力神人であり、馬上一衆ひとりひとりのもとに数名から三十数名におよぶ合力神人としての日吉神人《ひよしじにん》が所属していた。日吉神人とは、日吉社に属する神人を意味するが、実体としては、土倉や酒屋、あるいは味噌屋・風呂屋など、さまざまな業種にわたる商工業者（「諸商売」という）であり、彼らから神役《しんやく》としての馬上役を合力銭として馬上一衆が徴収することで馬上役はまかなわれていた。

たとえば、禅住坊という馬上一衆のもとには、わかる範囲だけでも、酒屋が三八か所、土倉は上・中・下に分かれて一四か所、味噌屋が七か所、風呂屋が一か所組織されていたことが知られている（『八瀬童子会文書《やせどうじかいもんじょ》』）。

馬上役

もっとも、馬上一衆は馬上役を徴収するのが目的であって、日吉小五月会にかかわる支出にあずかったのは、彼らより上位の組織や大衆であった。注目されるのは、その支出のなかに、「外護《げご》」や「方人《かとうど》」といった祭礼にかかわる役職にともなって手にすることができる一〇〇貫文以上におよぶ得分《とくぶん》（利権）が含まれていた点である。

つまり、馬上役には、祭礼にかかわる費用とあわせて大衆たちの利権も複雑にからまっていたわけだが、さらに注目されるのは、そこに室町幕府の財政も深くかかわっていた点である。

幕府財政をささえたことで知られる土倉役を徴収する土倉方一衆《どそうかたいちしゅう》と馬上一衆とは、ほとんど同じ組織であったことがあきらかにされているからである。したがって、馬上役と土倉役は、いわば、入るポケットは異なっていてもその出所は同じ構造になっていたといえよう。

ちなみに、幕府の土倉役は六〇〇〇貫文であり、馬上役二千百余貫文をあわせて八〇〇〇貫文以上におよぶ莫大な銭が毎年、京中の日吉神人から集められていたことになる。このようなしくみは、延暦寺大衆対策もかねて将軍足利義満のころに整備されたと考えられている。

日吉小五月会にかかわる費用が馬上役とよばれたのと同じように、祇園会にかかわる費用もまた、馬上役（馬上公定銭《こうていせん》、馬上功程銭《こうていせん》）とよばれたが、その額は三〇〇貫文で、日吉小五月会の馬上役のわずか七分の一にすぎない。

ただ、その名が類似していることからもうかがえるように、この両者のあいだには密接な関係があった。なぜなら、祇園会の馬上役は、日吉小五月会の馬上役の一部を「祇園功程」（『八瀬童子会文書』）というかたちで運用されたものだったからである。

残された史料から、このような関係は、おそくとも室町時代の応永《おうえい》四年（一三九七）には成立していたことがわかる。そして、その受け渡しのようすをみてみると、まず、式日の六月七日の数日前に馬上一衆の年行事《ねんぎょうじ》から祇園執行《しぎょう》に対して、馬上役がくだされたことがわかる。その後、祇園執行から、祭礼に供奉《ぐぶ》する師子（獅子）舞や田楽など職掌人《しきしょうにん》とよばれた人びとに馬上役が分けくだされることになっていた。

このことからもあきらかなように、費用の面からいえば、日吉小五月会と祇園会とは一体であり、そのこともあって、日吉小五月会が延引となったり、あるいは、馬上役に支障があったりすれば、てきめんに祇園会にも影響がおよぶことになっていたのである。

馬上役と山鉾

八坂神社に伝わる『八坂神社文書』には、この祇園会の馬上役の支出にかかわる史料が多数残されている。それらをみてみると、日吉小五月会の馬上役と同じように、祇園会の馬上役にも、祇園執行の上司にあたる別当《べっとう》や目代《もくだい》といった大衆の得分も含まれていたことが読みとれる。

しかしながら、それ以上に注目しなければならないのは、そこにみられる支出先が神輿渡御にかかわるものばかりであり、山鉾巡行に関する支出がいっさいみられないという点であろう。これによって、山鉾は馬上役と関係をもっていなかったことがあきらかとなり、室町時代のある時期まで、仮に神輿渡御がおこなわれなかったとしても山鉾が巡行できたのもまた、よってたつ経済基盤の違いに由来していたことが明白となるからである。その結果として、延暦寺大衆の動きにも左右されることはなかった。

このことを確認するため、代表的な事例をみておくことにしよう。ときは将軍足利義持《よしもち》の時代、応永二二年（一四一五）である。

> 祇園会延引す、祭礼の儀一向《いっこう》これなし、地下《じげ》用意のホコ（鉾）等、酉《とり》の末□渡さるばかりなり、御所様《ごしょさま》（足利義持）御見物なし、今朝、山門より悪僧《あくそう》を祇園へつかわし、文鳥《ぶんちょう》を奪い取り帰りおわんぬ、よって神事おこなわれずと云々、

これは、醍醐寺《だいごじ》三宝院門跡満済《さんぼういんもんぜきまんさい》の日記『満済准后日記《まんさいじゅごうにっき》』六月七日条にみえる記事である。この年、山門（延暦寺）大衆による山訴にともない、祇園会は延引となったことがわかる。すでに五月に日吉小五月会もおこなわれたこともあり、延暦寺大衆は、祇園会だけを延引させるため、「悪僧」を祇園社へつかわし、神輿の屋根に乗る「文鳥」（烏鳥《うどり》、鳳凰《ほうおう》）を奪

いとった。ここから、延暦寺大衆は、祇園会だけを延引に追いこむさいには、神輿の部品を奪いとっていたことが知られる。

それにより、「祭礼の儀」（神輿渡御）は物理的にもおこなえなくなったわけだが、そのようななかでも、「地下用意のホコ《（鉾）》等」（山鉾）だけは巡行したことが読みとれる。「御所様」（将軍義持）の見物がなかったにもかかわらずである。

このように、この時期の山鉾巡行は、神輿渡御にも、延暦寺大衆の動きにも、そして、将軍の見物の有無にも左右されずにおこなわれていたことが知られる。それは、七月四日に神輿渡御が追行されたさい、「祇園御輿御出《おい》で、神行《しんこう》《（幸）》ばかりなり、風流《ふりゅう》いっさいこれなし」（『満済准后日記』）との記事を目のあたりにすることによってさらにあきらかとなろう。

したがって、第二章でみたように、神輿渡御と山鉾巡行とが一体としてみられるようになるためには、それなりの経緯があったことになる。それはいったいどういうものだったのであろうか。そこで次節では、この点について、神輿が渡御する御旅所と馬上役とが深いかかわりをもっていたという事実に注目しながら、みてゆくことにしよう。

2　延暦寺大衆と祇園祭

馬上役と御旅所神主

神輿渡御のさい、三基の神輿が渡る御旅所が、大政所《おおまんどころ》御旅所と少将井《しょうしょうい》御旅所の二か所に分かれ、そのおのおのにも本社とは別に神主がいたことについては、すでにふれたとおりである。また、おのおのの御旅所には独自の歴史もそなわっていた。

たとえば、大政所御旅所に関しては、つぎのような歴史が伝えられている（『祇園社記』二三）。

　天延《てんえん》二年五月下旬、先祖助正《すけまさ》の居宅高辻東洞院をもって、御旅所として、神幸《しんこう》あるべきのよし、神託《しんたく》あるのうえ、後園《こうえん》に狐堺(塚カ)あり、蛛の糸引き延び、当社神殿におよぶ、所司《しょし》らこれを恠《あや》しみ、たずね行くに助正宅に引き通しおわんぬ、よって所司ら奏聞《そうもん》を経るのきざみ、助正をもって神主とし、居宅をもって御旅所たるべきのよしこれを宣下《せんげ》せ

らる、祭礼の濫觴《らんしょう》これなり、

平安時代の天延二年（九七四）の五月下旬、高辻東洞院にあった助正宅を御旅所とし、そこへ祇園の神輿が神幸するようにとの神託がくだった。そして、これに符合するかのように、助正宅裏にあった狐堺《（塚カ）》より蜘蛛の糸が祇園社の神殿（本殿）にまでつながった。そのような事情を知らない祇園社の所司（役人）たちは、神殿からその糸をたどっていったところ、助正宅にたどりついたため、そのことを、ときの円融《えんゆう》天皇に申しあげた。

するど、天皇よりあらためて助正宅を御旅所とし、助正を御旅所神主にするようにとの宣下（命令）がくだされた。これが祇園会の濫觴（はじまり）である、というのがその内容である。

図4－3　八坂神社大政所御旅所

一見してわかるように、右の話は、事実というよりむしろ伝承の部類に入るものであり、したがって、それをそのまま信用するわけにはいかない。しかしながら、事実としてまずあきらかなのは、中世においては、このような伝承にもとづき、「先祖助正」以来、大政所御旅所の神主家が御旅所の神主職を世襲してきたことであろう。

もっとも、この神主家が、中世の祇園会において、具体的にどのような役割をになっていたのかという点については、残念ながらさだかではない。ただ、そのようななかでもあきらかにされているのが、馬上役の差定《さじよう》というものである。

もともと祇園会の馬上役は、平安時代の保元《ほうげん》二年（一一五七）、後白河天皇の時代にさだめられて以来、「洛中富家《らくちゆうふけ》」を「尋ね捜」して「差定」（『社家条々記録《しやけじようじようきろく》』）、つまり京中の富裕層のなかから毎年、不特定に決められ、課せられる種類のものだった。

そして、それを決める役割＝差定を御旅所の神主がになっていた。ところが、このやりかたでは限界があったとみえ、鎌倉時代末期の元亨《げんこう》三年（一三二三）には、馬上役自体が停止に追いこまれる（『社家条々記録』）。

それを解決するため、室町時代に登場してきたのが、馬上一衆・合力神人制であったが、右のような経緯から、馬上役のなかには神主の得分も設定されることになった。その額は一五〇貫文。先にみたように、祇園会の馬上役全体で三〇〇貫文だったから、じつにその半分が神主の得分になる。御旅所の神主職が、いかにうまみのある職だったのかが知られるが、そのため、室町時代では、この大政所御旅所の神主職をめぐって、祇園執行と世襲の神主家とのあいだではげしい相論《そうろん》（争論）がくり返されることになった。

少将井御旅所神主職と禅住坊

いっぽう、少将井御旅所はどうだったのかといえば、こちらは、保延《ほうえん》二年（一一三六）に「冷泉東洞院《れいぜいひがしのとういん》の方四町《ほうしちょう》を旅所の敷地少将井と号す、婆利女御旅所、に寄附せらる」（『社家条々記録』）とあるように、冷泉東洞院に御旅所が成立したという以外、その歴史についてはよくわかっていない。

ただ、嘉吉《かきつ》三年（一四四三）にこの少将井御旅所の神主職をめぐっても、祇園執行とのあいだに相論がおこったことが知られている。したがって、大政所御旅所と同じように得分がそなわっていたことはまちがいないだろう。

しかも、その相論にかかわる史料（『新修八坂神社文書　中世篇』）のなかに、「左右方《さゆうかた》の神主、各（隔カ）年に諸神人を相副《あいそ》え馬上を差定す」とみえ、馬上役は大政所（左方《さかた》）御旅所と少将井（右方《うかた》）御旅所の神主が隔年で差定するとのべられている。御旅所神主職にかかわる得分は、隔年でもたらされていたことがあきらかとなろう。

ところで、この嘉吉三年に少将井御旅所の神主職を祇園執行とのあいだで争ったのは、「禅住《ぜんじゅう》」と名乗る人物であった。この「禅住」という名前、聞きおぼえがないだろうか。

そう、先にも少しふれた、馬上役を徴収する馬上一衆のひとり、あの禅住坊だったことが、つぎの史料（『八瀬童子会文書』）からあきらかとなる。

（請《う》け取り申す）祇園馬上功程《こうてい》のこと
合わせて（七）拾五貫文てえり
（右）右方少将井差符得分《さふとくぶん》として、（請け取り申すところ）の状くだんのごとし、
　　　　　　　　　　禅住
文安六年二月　　　　承操《じょうそう》（花押）
（年行事御坊《ねんぎょうじごぼう》）

文安六年（一四四九）といえば、嘉吉三年の相論から六年後にあたる。右の史料からは、禅住坊が少将井御旅所神主として、「右方少将井差符得分」をうけとっていることがあきらかとなる。どうやら相論は、禅住坊のほうに軍配があがったことが知られよう。

それにしてもなぜ、本来、馬上役をくだす馬上一衆の禅住坊が、その一部を得分としてうけとる御旅所神主職を祇園執行とのあいだで争ったり、また、取得したりしたのであろうか。

じつは、その謎を解く手がかりは、禅住坊がこの神主職を取得した時期にある。相論の史料には、「去々年、禅住はじめて掠《かす》めたまう」と記されており、その時期が、相論がおこった年からさかのぼること二年前、すなわち、嘉吉元年（一四四一）であったことがあきらかとなるからである。

嘉吉元年といえば、将軍足利義教《よしのり》が暗殺された嘉吉の乱の年として知られている。と同時に、嘉吉の徳政一揆《とくせいいっき》によって、京中の土倉が甚大な被害をうけ、それにともなって、幕府の土倉役も危機的な状態に陥ったことでも知られている(6)。そして、その土倉役と馬上役が出所を同じくしていたことをふまえるなら、その影響はさけることができなかったであろう。

実際、「徳政により近年、土倉より具足《ぐそく》これを出《い》ださず」（『八瀬童子会文書』）とあるように、徳政一揆の影響で日吉小五月会に必要な武具などの具足を土倉が出せなかったことが知られる。

また、文安元年（一四四四）には、「日吉祭礼の前、山訴あり、これ馬上神役等欠如におよぶのあいだ、山訴」（『建内記《けんないき》』四月一三日条）と記されるように、馬上役の欠如にともない山訴もおこされていたことがあきらかとなるからである。

このように、馬上役が欠如してしまうと、祭礼にも支障があらわれたが、それ以上に、延暦寺大衆にとって気がかりだったのは、馬上役に含まれる得分のゆくえであったにちがいない。

馬上役の欠如にともなって山訴がおこされたのもそのためであり、延暦寺大衆のひとりであり、山徒の土倉のひとりでもある禅住坊が、少将井御旅所神主職の取得にむかったのもまた、同じ文脈で理解することができるだろう。

ちなみに、御旅所神主職の得分は、先にふれたように、一五〇貫文であったにもかかわらず、右の史料では、その半分の七五貫文しか禅住坊はうけとっていない。

そのわけを示す史料は残されていないが、右の史料とほぼ同時期、文安四年に大政所御旅所神主職をめぐって、世襲の神主家と祇園執行配下の神主家とのあいだで相論がおこり、その結果、「半分おのおの沙汰いたすべきのよし、御成敗」(『建内記』六月七日条)があったと伝えられている。おそらくは、そのときに得分も半分になってしまった可能性は高いであろう。

転換点としての文安六年

ところで、禅住坊が「少将井差符得分」をうけとった文安六年は、前節でふれたように、四月の日吉祭はおこなわれたものの、その直後に山訴がおこされたため、五月の日吉小五月会、六月の祇園会、八月の北野祭がともに延引に追いこまれた年であった。

じつはそのとき延暦寺大衆は、六月七日の祇園会神幸が延引されるにあたって、これまでにはみられない要求をしていた。その要求とは、「風流等のこと、抑留《よくりゆう》すべきのよし、同じく相触れる」(『康富記』六月七日条)とあるように、神輿渡御と同様、山鉾巡行も停止すべし、というものであった。

くり返すように、祇園社が、延暦寺横川の末寺であり、また、日吉社の末社であるだけでなく、その祭礼である祇園会の神輿渡御の費用として日吉小五月会の馬上役の一部が運用されていた以上、延暦寺大衆が、神輿渡御の停止や延引を要求することに理由がないとはいえない。

しかしながら、山鉾巡行は、馬上役となんら関係をもってこなかったのだから、それを停止させる理由はどこにもなかったはずである。その証拠に、これまで、このような要求が出された形跡はみられない。にもかかわらず、このときなぜ延暦寺大衆はこのような要求をしたのだろうか。

そこで注目されるのが、つぎのような史料の存在である。

文安四年、御帳の金物、そのほか御輿《(神)》の油単《ゆたん》、御鉾の領布《ひれ》、御たらし袋、御剣袋、御

長柄《ながえ》以下せられおわんぬ、要脚《ようきゃく》は、三条の山・観音の山、同じく風流を三ヨセラレこれを沙汰す、

これは、『社中方記《しゃちゅうかたき》』(『文安三年社中記』『祇園社記』一三)という記録に載せられたものである。若干意味のとりにくいところもみられるものの、文安四年(一四四七)に神輿の装束(飾り物)などを修理する必要が出たらしいことが読みとれる。ところが、このときは、その「要脚」(費用)を「三条の山・観音の山」とそれにともなう「風流」(趣向をこらした作り物、練り物、仮装、囃子《はやし》など)でもって補塡したというのが、その内容となる。「三ヨセラレ」が、「三、寄せられ」だったのか、「算用《さんよう》せられ」だったのか、今ひとつ読みとりにくいが、「神輿御修理要脚」にかかわる祇園執行の請取状《うけとりじょう》(『祇園社記』一二)も残されているので、右のようなことがおこなわれたのは事実であろう。

ここからは、馬上役と関係をもたないという意味において経済的に自立していた山鉾が、それゆえ逆に、神輿修理にかかわる費用の補塡につかわれることもあった事実が読みとれる。と同時に、この文安四年ころより、山鉾と神輿とのあいだにも接点がもたれるようになり、それをふまえて、延暦寺大衆の要求もなされたことが知られよう。

神輿と山鉾が接点をもちはじめるきっかけになったのが、神輿の修理にかかわる費用不

足だったことからもうかがえるように、その背景には馬上役の欠如があったと考えられる。しかも、このときの延暦寺大衆の要求は聞き入れられたらしく、その結果、この文安六年を境にして、神輿渡御が追行されたさいには山鉾巡行も追行されるという、神輿渡御と山鉾巡行との一体化もみられるようになった。

このように、文安六年を契機に、祇園会はそのありかたを大きく転換することになったわけだが、それを裏づけるように、これ以降、式日もそれまでとはうってかわって混乱をきたしてゆくことになる。

具体的には、宝徳四年（一四五二）、康正《こうしょう》二年（一四五六）、康正三年、長禄二年（一四五八）、寛正《かんしょう》三年（一四六二）、寛正四年がそれらにあたる。ふりかえれば、馬上一衆・合力神人制が成立して以来、およそ五〇年のあいだ式日が混乱したのは、応永二二年（一四一五）のほぼ一回かぎりであったことをふまえるなら、その差は歴然といえよう。

応仁・文明の乱から戦国時代へ

ちなみに、最後の寛正四年のときも、先にみた長禄二年と同様、祇園会は一二月三〇日の大晦日に追行された。そして、それからわずか四年後の応仁元年（一四六七）におこった応仁・文明の乱にともない、祇園会は三三年間停止に追いこまれることになる。

いっぽう、日吉小五月会のほうは、乱中も断続的におこなわれていたことがあきらかにされている。(7) もっとも、乱直前ころから、すでに馬上役の欠如が問題となっていたうえ、戦乱による混乱にともなって、合力銭を負担する日吉神人たちが「所々に散在」(『八瀬童子会文書』)してしまっては、その把握も困難という状況に陥っていた。

しかも、散在した神人のなかには、合力銭の負担からのがれようとして、「乱中に、八《はち》幡《まん》・春日《かすが》の神人と申す」(『八瀬童子会文書』)とあるように、日吉社以外の石清水《いわしみず》八幡宮や春日社の神人と称するものまであらわれる始末であった。そのこともあって、乱前のようなかたちでの日吉小五月会は、事実上、文明二年(一四七〇)を最後におこなえなくなっていた。

当然、馬上役も、「日吉馬上役のこと、文明三年より無沙汰《ぶさた》」(『結番日記《けちばんにっき》』文明九年四月七日条)になっていたが、文明九年一一月に乱が終結すると、延暦寺大衆の要請にしたがい幕府も日吉小五月会の再興を模索しはじめることになる。

しかしながら、その実現は容易なことではなかったらしく、細川政元によって明応の政変がおこされた直後の明応二年(一四九三)一二月においてもなお、「日吉社小五月会のこと、再興すべきのおもむき、歎き申すにより、たびたび御成敗のところ、今に遅々《ちち》」(『八瀬童子会文書』)とみえるように、再興することはかなわなかった。

そして、翌明応三年になると、先にみたように、祇園の神による神託という恠異をきっかけに、政元や幕府は日吉小五月会再興から祇園会再興へと大きく舵をきることになる。

枠組みとしての馬上役

その再興の過程については第三章でふれたのでここではくり返さないが、ただ、そのようななかでも政元や幕府が、これまでの枠組みをすべて捨て去ったわけではなかったことには注意が必要であろう。

祇園会再興の翌年、文亀元年（一五〇一）の動きをみても、つぎのようなことが知られるからである（『祇園社記』続録一）。

明日、七、祇園会公程銭《こうていせん》のことにつき、近年馬上役その沙汰におよばざるの条、再興のあいだにおいては、当社敷地の上に相懸《あいか》け、その節を遂げらるべし、つぎに来たる、十四、山鉾の内、少々これを略し、彼《か》の要脚《ようきやく》をもってその足付《あしづけ》とし、下行《げぎよう》いたさるべきものか、この両条の儀にいたりては、先規《せんき》その例なきにあらざるのうえは、異儀におよぶべからざるものや、早く諸色掌《しよしきしよう》に下知《げち》を加え、神事無為《ぶい》の節を遂げらるべきのよし、仰せ出だされそうろうなり、よって執達《しつたつ》くだんのごとし、

文亀元

六月六日　（飯尾）清房　判

当社執行御《しぎょうご》房《ぼう》　（飯尾）元行　判

明応九年になんとか再興にこぎつけはしたものの、「近年馬上役その沙汰におよばざる」とあるように、馬上一衆・合力神人制が機能しない状況では、「祇園会公程銭」（祇園会の馬上役）が祇園社へくだされる道理はなかった。

とはいっても、費用がなければ祭礼はおこなえない。そこで幕府は、とりあえず、明日、六月七日の神幸については、馬上役を「当社敷地の上」に懸けてまかなうことにした、というのが前半部の内容である。

この場合の「当社敷地の上」とは、祇園社の境内やその所領といった意味ではなく、神輿が渡御し山鉾が巡行する下京の一帯といった漠然としたものであり、のちに氏子圏とよばれるものと同じであったと思われる。

したがって、その一帯の住人に馬上役を負担させようと考えていたわけだが、具体的にそれをどのようにして懸けるのかといった点については不明である。また、そのようなことをおこなえば、馬上一衆・合力神人制そのものを否定することになりかねないので、現実味の薄い方法だったのではないかと考えられる。

それに対して、六月一四日の還幸については、山鉾の一部を省略して、その「要脚」（費用）で補塡することがのべられているが、こちらのほうは、たしかに「その例」がみられるものであった。

もっとも、これも、実際にどの山や鉾を省略したのか、具体的なことまではわからない。ただ、山科言国《やましなときくに》の日記『言国卿記《ときくにきようき》』六月一四日条が、「細川右京大夫《うきようのだいぶ》（政元）、桟敷《さじき》入りの後、山ども渡る、九なり」と伝えるように、このとき巡行したのが九基の山だったことをふまえるなら、「十四日山々」として巡行する一〇基のうちの一基が省略された可能性は高いであろう。

ちなみに、八坂神社には、年紀の記されていない六月一四日付けの幕府奉行人の奉書（『八坂神社文書』）が伝えられている。そして、そこには「観音山《かんのんやま》要脚のこと、参千疋《ひき》分、堅く催促いたされ」とのことばがみえる。

一疋は、銭一〇文のことであり、三〇〇〇疋は銭三〇貫文を意味する。けっして多い額とはいえないものの、少しは足しになったであろうし、また、不思議なことに、ここでも文安四年と同様、「観音山」が対象になっていた点は注目されよう。

有名無実化する馬上役

このように、費用については断片的なことしかわからないが、この文亀元年も、前年の再興と同様、細川政元の強い意向のもと、神輿渡御と山鉾巡行は式日どおりにおこなわれた。それとは対照的に、中御門宣胤《なかみかどのぶたね》の日記『宣胤卿記《のぶたねきょうき》』一〇月六日条に「日吉社小五月、昨日にわかに延引、今日と云々、式月《しきげつ》五月五日なり、乱以来希有《けう》なり」とみえるように、この年は、祇園会のあとに日吉小五月会が追行されるという、これまでとは逆の現象がおこっていたことがわかる。

どうやら、日吉小五月会と祇園会との関係は、このときすでに有名無実になりつつあったようだが、それでもなお、祇園会の馬上役を集めようとする動きはとどまることがなかった。実際、翌文亀二年には、馬上役を集めて支出もしたようだが（『新修八坂神社文書 中世篇』）、その額は、往時のわずか「拾弐分の一」（一二分の一）（『八坂神社文書』）にすぎなかった。

おそらくはそのようなこともあったからであろう、永正元年（一五〇四）には、祇園社側からつぎのような訴えも出されることになる（『祇園会馬上料足下行記』）。

この四ケ年のことは、無足《むそく》たるといえども、その意に応じ、神役《しんやく》にしたがいそうろう、

当年においては、第一、御下行《げぎょう》なくそうらわば、その役分《やくぶん》をつとむべからずとおのおの申しそうろう、

明応九年（一五〇〇）から文亀三年（一五〇三）の四年間は、幕府から祭礼にかかわる費用がくだされない「無足」だったにもかかわらず、命令にしたがい、なんとか神役をつとめてきた。ただ、今年という今年は、費用がくだされなければ神役をつとめることなどできないと社内では口々にいっている、というのがその内容である。

このように、幕府のかけ声もむなしく、馬上役を集めることは相当むずかしかったようで、神輿渡御は、祇園社や職掌人《しきしょうにん》らの自助努力によってなんとかおこなわれていたというのが現実であった。

迷走する式日

このような事態に直面して、幕府が抜本的な対策を打ったのかどうかといえば、残念ながらその形跡はみられない。むしろ、政元死後の幕府は、延暦寺大衆との正面衝突をさけたかったのであろう、永正九年（一五一二）五月においてもなお、祇園執行に対してつぎのような奉書《ほうしょ》（『祇園社記』一六）を出している。

祇園社祭礼のこと、小五月会馬上銭、先規のごとくあい調《ととの》うのときは、同じく公程銭仰せ付けらるべきのうえは、神事無為のよう申し付けらるべきのよし、仰せ出だされそうろうなり、よって執達くだんのごとし、

永正九

五月廿九日

(諏訪)貞連判

(松田)英致判

当社執行御房

冒頭にみえる「小五月会馬上銭、先規のごとくあい調うのときは、同じく公程銭仰せ付けらるべき」(日吉小五月会の馬上役が、以前のようにととのったならば、祇園会の馬上役もくだすことになる)との一文からは、幕府が、日吉小五月会と祇園会との関係や馬上一衆・合力神人制といった、これまでの枠組みを維持する姿勢をくずしていなかったことが読みとれる。

しかしながら、そのようにふるまうことと、それを実行できることとは別問題である。幕府がこのような姿勢をとりつづけるかぎり、延暦寺大衆がおこなう訴訟にも一定の根拠

をあたえつづけることになり、そして、そのことによってまた祇園会の式日も、この永正九年以降、さらに延引と追行をくり返すことになった。

確認できる範囲でそれらに該当する年をあげれば、永正一二年（一五一五）、永正一三年、永正一四年、永正一六年、大永《たいえい》三年（一五二三）、大永五年、大永六年、享禄《きょうろく》元年（一五二八）、享禄二年、享禄四年、天文《てんぶん》元年（一五三二）、天文二年、天文四年、天文七年、天文一一年、天文一八年、天文二二年、天文二三年、弘治《こうじ》三年（一五五七）、永禄《えいろく》元年（一五五八）、永禄三年、永禄八年、永禄九年、永禄一〇年、元亀《げんき》二年（一五七一）となる（表2参照）。

この間、およそ六〇年。そのうち少なくとも二五回にわたって、祇園会は式日どおりにおこなわれなかったのだから、いかに異常な状態に陥っていたかは一目瞭然といえよう。

しかも、その理由のほとんどが、諸記録が伝えるように、「山王祭なきにより」（『拾芥記《しゅうがいき》』永正一四年六月一日条）、「日吉祭なきにより」（『宣胤卿記』永正一六年六月七日条）、「山王祭延引により」（『後法成寺関白記《ごほうじょうじかんぱくき》』大永三年一二月一四日条）、「日吉祭礼これなきにより」（『言継卿記《ときつぐきょうき》』天文元年六月七日条）といったものであり、いかなる存在が祇園会の障害として立ちふさがっていたかはもはやあきらかといえよう。

元亀二年以降に安定する式日

このことからもわかるように、第二章でくわしくみた天文二年の祇園会も、けっして特別なものではなく、二五分の一のできごとにすぎなかったことがあきらかとなる。また、そのような異常な状態があまりにもつづきすぎていたため逆に、下京の六六町の月行事・触口・雑色たちは、「神事これなくとも、山ホコ(鉾)渡したき」という発言をせざるをえなかったともいえよう。

結局、式日が安定するのは、元亀二年(一五七一)以降のことになる。そして、その境目となった元亀二年の祇園会もまた、一二月に追行された。

祇園会これあり、山王祭これなしといえども、日吉社・山上などこれなきあいだ、上《じょう》意《い》をもってこれをおこなうと云々、

右は、山科言継《やましなときつぐ》の日記『言継卿記』一二月七日条にみえる記事である。これによれば、この年もまた、四月におこなわれるべき「山王祭」(日吉祭)が延引されたため、祇園会も一二月まで追行できなかったことがわかる。

もっとも今回の場合、これまでと大きく異なっているのは、この一二月に、「山王祭こ

れなし」とあるように、日吉祭が追行されなかった点である。なぜそのようになってしまったのかといえば、理由はいたって単純で、「日吉社・山上などこれなきあいだ」と記されているように、日吉社や「山上」（延暦寺）などがなくなっていたからであった。

　元亀二年といえば、同じ年の九月に織田信長によって日吉社や延暦寺が焼き討ちされた年にあたる。[8] その一二月に日吉社や延暦寺がなくなっていたと記されているのは、そのためだが、このように、一時的にでも日吉社や延暦寺大衆が存在しなくなったことではじめて、式日が安定するようになったという点からも、室町時代、そして戦国時代をとおして、延暦寺大衆と祇園会との関係が、基本的には変わらなかったことがあきらかとなろう。

表2　戦国時代（明応九年〜慶長七年）の祇園会執行一覧

年	西暦	月日	関係記事（抜粋）	典拠
明応九年	一五〇〇	六月　七日	祇園会再興	後法興院記・大乗院寺社雑事記・大乗院日記目録・後慈眼院殿御記・忠富王記・厳助往年記・御湯殿上日記
		六月一四日	祇園神幸	忠富王記・後慈眼院殿御記・後法興院記・御湯殿上日記
文亀元年（明応一〇年）	一五〇一	六月　七日	祇園会	後法興院記・忠富王記・言国卿記・政基公旅引付・実隆公記
				後法興院記・忠富王記・言国卿記・

			六月一四日	祇園会、細川（政元）見物	和長記・大乗院寺社雑事記・実隆公記・政基公旅引付
	文亀二年	一五〇二	六月　七日	祇園御霊会	後法興院記・実隆公記・言国卿記・拾芥記・大乗院寺社雑事記
			六月一四日	祇園会	後法興院記・拾芥記・言国卿記・大乗院寺社雑事記
	文亀三年	一五〇三	六月　七日	祇園御霊会	後法興院記・実隆公記
●			六月一四日	祇園社依訴訟今日祭礼無還幸	実隆公記
	永正元年（文亀四年）	一五〇四	六月　七日	祇園会	二水記・大乗院寺社雑事記・後法興院記・忠富王記・宣胤卿記・政基公旅引付
			六月一四日	祇園会	宣胤卿記・大乗院寺社雑事記・政基公旅引付
	永正二年	一五〇五	六月　七日	祇園会	二水記・大乗院寺社雑事記・忠富王記・拾芥記
			六月一四日	祇園会	二水記・実隆公記・忠富王記
●	永正三年	一五〇六	六月　七日	延引（山王祭無之、有山ホク祭礼等）	実隆公記・大乗院寺社雑事記・後法成寺関白記・拾芥記・宣胤卿記
			六月一四日	祇園会	後法成寺関白記・実隆公記
	永正四年	一五〇七	六月　七日	祇園会	実隆公記・後法成寺関白記・宣胤卿記
			六月一四日	祇園会	実隆公記
●	永正五年	一五〇八	六月　七日	延引	実隆公記
●			九月二一日	追行（祇園会）	後法成寺関白記・実隆公記

	永正六年	一五〇九	六月 七日	祇園御霊会	実隆公記・御法成寺関白記
			六月一四日	祇園御霊会	実隆公記・御法成寺関白記
	永正七年	一五一〇	六月 七日	祇園御霊会	実隆公記
			六月一四日	祇園会	実隆公記
●	永正八年	一五一一	六月 七日	延引（依無日吉祭）	実隆公記
●	永正九年	一五一二	五月二三日	追行（祇園会、去年分）	実隆公記・後法成寺関白記
			六月 七日	祇園会	実隆公記・拾芥記
			六月一四日	祇園祭礼	拾芥記
	永正一〇年	一五一三	六月 七日	祇園会	後法成寺関白記・守光公記
	永正一一年	一五一四			
	永正一二年	一五一五	六月 七日	祇園会	守光公記
●			七月二二日	為上意、祇園会両度在之	暦仁以来年代記
●			七月二九日		暦仁以来年代記
●	永正一三年	一五一六	一〇月一四日	延引、追行（祇園会）	後法成寺関白記
●	永正一四年	一五一七	六月 七日	延引（依無山王祭）	拾芥記・宣胤卿記
●			六月一四日	祇園会延引	宣胤卿記
●			八月 七日	追行（祇園会）	宣胤卿記・後法成寺関白記
●			八月一四日	追行（祇園会）	宣胤卿記
	永正一五年	一五一八	六月 七日	祇園会	宣胤卿記・二水記
●	永正一六年	一五一九	六月 七日	延引（依無日吉祭）	宣胤卿記
●			六月一四日	延引	宣胤卿記
	永正一七年	一五二〇	六月 七日	祇園祭	二水記・後法成寺関白記・盲聾記・実隆公記

			六月一四日	祇園会	二水記・後法成寺関白記・実隆公記
	大永元年（永正一八年）	一五二一			
	大永二年	一五二二	六月　七日	祇園会	二水記
			六月一四日	祇園会	二水記
●			六月二七日	祇園会風流、大樹依御歓楽無御見物、今日重而	二水記・経尋記
●	大永三年	一五二三	一二月一四日	延引、追行（山王祭依延引）	実隆公記・後法成寺関白記・二水記
●			一二月二一日	延引、追行（祇園会）	二水記・経尋記
	大永四年	一五二四	六月一四日	祇園会	実隆公記
●	大永五年	一五二五	六月　七日	延引	実隆公記
●			閏一一月一七日	追行（依山王祭）	二水記
●			閏一一月二四日	追行（祇園社還幸）	二水記
●	大永六年	一五二六	六月二二日	延引、追行（山王祭廿日有之）	二水記
●			六月二九日	延引、追行（還幸）	二水記
	大永七年	一五二七	六月　七日	祇園会	実隆公記・言継卿記・二水記
			六月一四日	祇園祭礼	御湯殿上日記・言継卿記・二水記
●	享禄元年（大永八年）	一五二八	六月　七日	延引	二水記
●			六月一四日	延引	二水記
●			八月　七日	追行（祇園会）	二水記・実隆公記・後法成寺関白記
●			八月一四日	追行（還幸）	二水記・実隆公記・御湯殿上日記
●	享禄二年	一五二九	八月　七日	延引、追行（祇園会）	実隆公記・稙通公記・後法成寺関白記

●			八月一四日	延引、追行（祇園会）	実隆公記・御湯殿上日記・稙通公記
	享禄三年	一五三〇	六月　七日	祇園会	二水記・後法成寺関白記
			六月一四日	きんのへ	御湯殿上日記
●	享禄四年	一五三一	六月　七日	延引	実隆公記・宣秀卿記
●			六月一四日	追行（神幸）	二水記・実隆公記・御湯殿上日記
●			六月二一日	追行（祇園会）	二水記
●	天文元年（享禄五年）	一五三二	六月　七日	延引（依日吉祭礼無之）	言継卿記・御湯殿上日記
●			一二月　七日	追行（祇園御霊会、如六月）	二水記・実隆公記・稙通公記・後法成寺関白記・兼右卿記
●			一二月一四日	追行（祇園会）	実隆公記・二水記・後法成寺関白記・兼右卿記・言継卿記
●	天文二年	一五三三	六月　七日	延引（依山訴）	実隆公記・祇園執行日記
●			八月二三日	追行（祇園会）	後法成寺関白記
	天文三年	一五三四	六月　七日	きおんのゑ	御湯殿上日記・兼右卿記
			六月一四日	きおんのゑ	御湯殿上日記
●	天文四年	一五三五	一一月二三日	延引、追行（祇園会）	後奈良院宸記・御湯殿上日記
●			一一月二八日	延引、追行（祇園会）	後奈良院宸記
	天文五年	一五三六	六月　七日	有祇園会	後法成寺関白記
			六月一四日	きおんのゑ	御湯殿上日記・後法成寺関白記
	天文六年	一五三七	六月　七日	祇園会	鹿苑日録
			六月一四日	きおんのへ	御湯殿上日記
●	天文七年	一五三八	一二月二一日	延引、追行（祇園会）	御湯殿上日記・親俊日記
	天文八年	一五三九	六月　七日	祇園会	大舘常興日記・親俊日記・鹿苑日録

			六月一四日	きおんのへ	御湯殿上日記・親俊日記
	天文九年	一五四〇	六月　七日	祇園会	鹿苑日録
			六月一四日	祇薗	鹿苑日録
	天文一〇年	一五四一	六月　七日	きおんのへ	御湯殿上日記
			六月一四日	祇園会	御湯殿上日記・鹿苑日録
●	天文一一年	一五四二	一〇月一四日	延引、追行（祇園会）	親俊日記
●			一〇月二一日	延引、追行（祇園会）	親俊日記
	天文一二年	一五四三	六月一四日	祇園会	多聞院日記
	天文一三年	一五四四	六月　七日	祇園会　右京大夫祇園会見物	言継卿記・尊鎮法親王御記
			六月一四日	きおんゑ	御湯殿上日記・鹿苑日録
	天文一四年	一五四五	六月　七日	祇園会	言継卿記
			六月一四日	祇園会	言継卿記・厳助往年記・御湯殿上日記
	天文一五年	一五四六			
	天文一六年	一五四七	六月一四日	きおんのへ	御湯殿上日記
	天文一七年	一五四八	六月　七日	祇園会	言継卿記
			六月一四日	祇園会、相公少弼細川殿御見物	長享年後畿内兵乱記
●	天文一八年	一五四九	一二月日	延引、追行	厳助往年記
	天文一九年	一五五〇	（六月一四日）		言継卿記
	天文二〇年	一五五一			
	天文二一年	一五五二	六月　七日	祇園会	言継卿記
			六月一四日	祇園会	言継卿記・御湯殿上日記
●	天文二二年	一五五三	八月一四日	延引、追行（未被行日吉祭行故）	言継卿記・続史愚抄

●	天文二三年	一五五四	八月二一日	延引、追行（けふきおんのゑ）	御湯殿上日記
●			九月二一日	延引、追行（きおんのゑ）	御湯殿上日記
	弘治元年（天文二四年）	一五五五	六月一四日	きおんのへ	御湯殿上日記
	弘治二年	一五五六	六月一四日	きおんのゑ	御湯殿上日記
●	弘治三年	一五五七	一二月一七日	延引、追行（けふはきおんのゑ）	御湯殿上日記
●	永禄元年（弘治四年）	一五五八	一一月二一日	延引、追行（きおんのゑ）	御湯殿上日記
	永禄二年	一五五九	六月　七日	祇園会	御湯殿上日記・言継卿記
			六月一四日	祇園会	言継卿記
●	永禄三年	一五六〇	一二月一七日	延引、追行（きおんのゑ）	御湯殿上日記
	永禄四年	一五六一	六月一四日	きおんまつり	御湯殿上日記
	永禄五年	一五六二			
	永禄六年	一五六三	六月　七日	祇園会	御湯殿上日記・言継卿記
			六月一四日	祇園会	御湯殿上日記・言継卿記
	永禄七年	一五六四			
●	永禄八年	一五六五	八月　七日	延引、追行（祇園会）	御湯殿上日記・言継卿記
●			八月一四日	延引、追行（きおんのゐ）	御湯殿上日記
●	永禄九年	一五六六	六月一四日	延引、追行（祇園会）	言継卿記・永禄九年記・御湯殿上日記・鹿苑日録・兼右卿記
●			六月二一日	延引、追行	言継卿記・御湯殿上日記
●	永禄一〇年	一五六七	一二月一七日	延引、追行（祇園会）	言継卿記
	永禄一一年	一五六八	六月　七日	祇園会	御湯殿上日記・言継卿記

		六月一四日	祇園会	御湯殿上日記・言継卿記
永禄一二年	一五六九	六月　七日	祇園会	御湯殿上日記・言継卿記
元亀元年（永禄一三年）	一五七〇	六月　七日	祇園会	御湯殿上日記・言継卿記
		六月一四日	祭礼	言継卿記
● 元亀二年	一五七一	一二月　七日	延引、追行（山王祭雖無之、日吉社・山上等無之間、以上意行之）	言継卿記
元亀三年	一五七二	六月　七日	祇園絵（会）	兼見卿記
		六月一四日	祇園クハンカウ	年代記抄節
天正元年（元亀四年）	一五七三	六月　七日	きおんのへ	御湯殿上日記
天正二年	一五七四			
天正三年	一五七五	六月　七日	祇園会	兼見卿記・御湯殿上日記・中書家久公御上京日記
天正四年	一五七六	六月　七日	祇園会	言継卿記・言経卿記・御湯殿上日記
		六月一四日	祇園会	言継卿記・言経卿記・御湯殿上日記
天正五年	一五七七			
天正六年	一五七八	六月　七日	祇園絵（会）	兼見卿記
		六月一四日	祇園会、右府（織田信長）御見物	兼見卿記・信長公記
天正七年	一五七九	六月　七日	祇園絵（会）	兼見卿記・言経卿記・御湯殿上日記
天正八年	一五八〇	六月　七日	祇園絵（会）	兼見卿記
		六月一四日	きおんのゑ	兼見卿記・御湯殿上日記
天正九年	一五八一	六月　七日	祇園絵（会）	兼見卿記
		六月一四日	祇園絵（会）	兼見卿記

●	天正一〇年	一五八二	六月　七日	延引（六月七日会延引）	言経卿記・多聞院日記
●			九月一四日	追行（祇園会）	言経卿記・兼見卿記・多聞院日記
●			九月二一日	追行（祇園会）	言経卿記
	天正一一年	一五八三	六月　七日	祇園絵（会）	兼見卿記
			六月一四日	祇園絵（会）	兼見卿記
	天正一二年	一五八四	六月　七日	祇園絵（会）	兼見卿記
			六月一四日	祇園絵（会）	兼見卿記
	天正一三年	一五八五	六月　七日	祇園会	多聞院日記
	天正一四年	一五八六	六月　七日	きおんまつり	兼見卿記・御湯殿上日記
			六月一四日	きおんのへ	兼見卿記・御湯殿上日記
	天正一五年	一五八七	六月　七日	きおんのえ	御湯殿上日記
			六月一四日	きおんのゑ	御湯殿上日記・時慶記
	天正一六年	一五八八	六月　七日	祇園会	言経卿記・御湯殿上日記
			六月一四日	きおんのゑ	御湯殿上日記
	天正一七年	一五八九	六月　七日	きおんのえ	御湯殿上日記
			六月一四日	きおんのゑ	御湯殿上日記
	天正一八年	一五九〇	六月　七日	祇園会	晴豊記・兼見卿記
			六月一四日	きおんのへ	御湯殿上日記
	天正一九年	一五九一	六月　七日	祇園会	兼見卿記・時慶記
			六月一四日	祇園絵（会）	兼見卿記・時慶記
	文禄元年（天正二〇年）	一五九二	六月　七日	祇園社会	言経卿記・鹿苑日録
	文禄二年	一五九三	六月　七日	祇園会	時慶記・兼見卿記

		六月一四日	祇園会	時慶記
文禄三年	一五九四	六月 七日	祇園絵（会）	兼見御記
		六月一四日	祇園如例年	兼見卿記
文禄四年	一五九五	六月一四日	祇園会	言経卿記・御湯殿上日記
慶長元年（文禄五年）	一五九六	六月 七日	祇園会	義演准后日記・舜旧記
		六月一四日	祇園社会	言経卿記・舜旧記
慶長二年	一五九七	六月 七日	祇園会	舜旧記・言経卿記
		六月一四日	祇園会	舜旧記
慶長三年	一五九八	六月 七日	祇園会	舜旧記・言経卿記・義演准后日記
		六月一四日	祇園会	舜旧記
慶長四年	一五九九	六月 七日	祇園会	義演准后日記・鹿苑日録
		六月一四日	きおんのへ	御湯殿上日記
慶長五年	一六〇〇	六月 七日	祇園会	義演准后日記・時慶記
		六月一四日	祇園会	義演准后日記・舜旧記・御湯殿上日記・北野社家日記
慶長六年	一六〇一	六月 七日	祇園会	義演准后日記・舜旧記・北野社家日記
		六月一四日	祇園会	御湯殿上日記・舜旧記・北野社家日記
慶長七年	一六〇二	六月 七日	祇園会	舜旧記・時慶記
		六月一四日	祇園会	義演准后日記・言経卿記・舜旧記・時慶記

（註）●が、停止・延引・追行がみられた年月日。空欄は、関係記事・史料の未発見部分。

なお、室町時代の祇園会執行一覧については、河内将芳『室町時代の祇園祭』（法藏館、二〇二〇年）所収の表6を参照されたい。

幕府と延暦寺大衆と祇園会

以上、ここまで前章で幕府と祇園会との関係、そして、本章で延暦寺大衆と祇園会との関係についてみてきた。それらをとおして、戦国時代の祇園会がいかに複雑で、しかも緊張感に満ちた関係のうえに成り立っていたのかがあきらかになったと思う。

とりわけ、これまでほとんど知られてこなかった延暦寺大衆との関係が、じつは、室町時代から戦国時代にかけての祇園会のありかたに決定的な影響をあたえていたことがあきらかとなった点は、紙芝居「祇園祭」以来、強調されつづけてきた幕府との二項対立的な関係を相対化するためにも、重要なポイントといえよう。

そこでつぎに、これらの関係をより具体的にみるために、戦国時代の祇園会をになった人びとに焦点をあててゆくことにする。もっとも、にない手にかかわる史料は極端に少なく、また、あったとしても、すでに知られているものばかりである。

したがって、目新しい点はさほど出てこないかもしれないが、それでも、ここまでみてきたことを下敷きにしてゆけば、多少なりとも今までとは異なった側面に光をあてることができるように思われる。

章をあらためて、神輿と山鉾に分けてみてゆくことにしよう。

注

(1) 下坂守『中世寺院社会と民衆——衆徒と馬借・神人・河原者』(思文閣出版、二〇一四年)。北野祭については、三枝暁子『比叡山と室町幕府——寺社と武家の京都支配』(東京大学出版会、二〇一一年)参照。

(2) 注(1)参照。

(3) 注(1)参照。

(4) 注(1)参照。河内将芳『中世京都の都市と宗教』(思文閣出版、二〇〇六年)、同『祇園祭の中世——室町・戦国期を中心に』(思文閣出版、二〇一二年)、同『室町時代の祇園祭』(法藏館、二〇二〇年)。

(5) 祇園会に関してこの点をあきらかにしたのが、瀬田勝哉『〔増補〕洛中洛外の群像——失われた中世京都へ』(平凡社ライブラリー、二〇〇九年)であり、それに先行する先駆的な研究として、脇田晴子「中世の祇園会——その成立と変質」(『藝能史研究』四号、一九六四年)が知られている。

(6) 早島大祐『首都の経済と室町幕府』(吉川弘文館、二〇〇六年)。

(7) 注(1)前掲、下坂氏『中世寺院社会と民衆』参照。

(8) 注(4)前掲、河内『中世京都の都市と宗教』『祇園祭の中世』『室町時代の祇園祭』参照。

第五章　神輿と山鉾の祇園祭

1　神輿渡御

神幸路

戦国時代の神輿《みこし》渡御《とぎょ》のにない手のことをみていくまえに、まずは神輿がどのようにして御《お》旅所《たびしょ》へ渡り、そして、祇《ぎ》園社《おんしゃ》へかえっていたのか、その道筋である神幸路《しんこうろ》（祭礼路）について確認しておくことにしよう。

とはいっても、この神幸路をはっきりと示している史料は、今のところ一点しか知られていない。それが、先にもふれた『祇《ぎ》園会《おんえ》山鉾事《やまほこのこと》』である。そこで、その神幸路の記された部分を引用すると、つぎのようになる。

祇薗《（園）》御祭礼の御道つたえのこと
大政所《おおまんどころ》の御通りは、四条《しじょう》を西へ、烏丸《からすま》まで、それを南へ御旅所まで、還幸《かんこう》の御時は、
五条を西、大宮まで、それを上《かみ》へ三条まで、

少将井《しょうしょうい》、同じく四条を東洞院《ひがしのとういん》まで、それを上へ冷泉《れいぜい》まで御旅所あり、還幸の御時、二条西へ大宮まで、それを三条まで、

右の史料のうち、前半部分に記されているのが大宮と八王子《はちおうじ》（八大王子）の二基の神輿がすすむ神幸路、後半部分が少将井の神幸路である。これらを図示すると、図5－1のようになる。

これによって、神幸のさい、大宮・八王子の二基の神輿は、四条大路（四条通）を西行したあと南へすすみ、残る一基の少将井は北へすすんだことがわかる。

また、還幸のさいには、少将井は二条大路（二条通）を西へ大宮大路（大宮通）まで、大宮・八王子は、五条大路（五条通）を西へ大宮大路まですすんだあと、大宮大路と三条大路（三条通）とが交差したところで合流し、祇園社へむかったことがわかる。

ちなみに、江戸時代の神幸路も、御旅所の場所をのぞけば、これとほぼ同じであったことが確認できる（『京都御役所向大概覚書《きょうとおやくしょむきたいがいおぼえがき》』）。したがって、応仁・文明の乱以前も同様だった可能性は高いであろう。

注　高橋康夫『京都中世都市史研究』(思文閣出版, 1983年)所収の図を参照した。

図5－1　明応9年の神輿渡御神幸路（祭礼路）

描かれた御旅所

図5－1にも示したように、戦国時代の下京《しもぎょう》は、その全体が惣構《そうがまえ》とよばれる土塀・木戸門・堀・土塁などでとり囲まれた、一種の環濠《かんごう》集落、城塞都市となっていた(1)。そのようすは、この時期の京都の景観を描いたとされる洛中洛外図屏風《らくちゅうらくがいずびょうぶ》からも読みとれ、そこからは、大政所御旅所と少将井御旅所のすがたもうかがうことができる。

こころみに、『歴博甲本《れきはくこうほん》洛中洛外図屏風』（国立歴史民俗博物館蔵。以下、歴博甲本）と『上杉本洛中洛外図屏風』（米沢市上杉博物館蔵。以下、上杉本）のふたつの屏風をみてみると、大政所御旅所はともに市街地のなかにあって、築地塀《ついじべい》をめぐらせた敷地に社殿のような建物が描かれている（図5－2上）。

いっぽう、少将井御旅所は、歴博甲本では築地塀がめぐらされているものの、上杉本ではそれは描かれておらず、小さな社のみが描かれている（図5－2下）。一般に、歴博甲本のほうが上杉本より古い時代の景観を描いているとされており、それを信じるなら、時代の変化にともなって、築地塀が失われたと考えられよう。

なぜ、そのようになってしまったのかという理由まではさだかではないが、可能性としては、大政所御旅所が惣構にとり囲まれた市街地のなかにあったのに対して、少将井御旅所は、惣構より外にあったことが関係しているのかもしれない。実際、歴博甲本・上杉本

図 5－2　大政所御旅所（上）
少将井御旅所（下）
（米沢市上杉博物館所蔵「上杉本洛中洛外図屛風」）

ともに少将井御旅所のまわりには畑しかみられず、野中の小社というすがたで描かれている。

惣構は、戦国時代に市街地を守る防衛施設としてつくられたと考えられている。したがって、戦国時代に市街地からはなれた場所となってしまった少将井御旅所は、それだけに戦禍をうけやすかったといえよう。

もっとも、このこととあわせて注意しておかなければならないのは、図5－1からも読みとれるように、神幸路のうち、還幸のさいに通る道筋のかなりの部分が惣構の外にあったという点である。

つまり、神輿渡御は、惣構という戦国時代特有の都市空間のありかたには、思いのほか規制されていなかったといえる。先に、戦国時代の神幸路と応仁・文明の乱以前のそれとが同様だった可能性が高いとしたのは、このこともあったからだが、ただ、北は二条大路（二条通）、南は五条大路、西は大宮大路に囲まれた空間は、応仁・文明の乱以前の下京の都市空間を意味すると考えられる。したがって、神幸路は、そちらのほうには規制されていたといえるのかもしれない。[2]

供奉した人びと

まえおきが少し長くなってしまったが、右のことを念頭におきつつ、つぎに戦国時代の神輿渡御に供奉《ぐぶ》した人びとについてみてゆくことにしよう。じつは、この点についても、『祇園会山鉾事』にのみ、つぎのような記事が書き残されている。

一、御供《おとも》の規式《（儀式）》、御先へは、犬神人《いぬじにん》参る、そのあとは、思い思いの願主《がんしゅ》、

一、師子の衆いかにも美々しくそうろう、
一、社人《しやにん》おのおの参る、
一、神子《みこ》、これは輿にて参る、
一、（神）御輿の御あと、神主、馬にて御供、
一、四座の衆、褐《かちん》の鎧直垂《よろいひたたれ》、三番《つがい》、随兵《ずいひょう》、十番、

記事の原文は、先の神幸路の部分とともに、ほとんどがひらがなで書かれているため、右のような漢字があてはまるのかといった点については、微妙なところではある。それをふまえたうえで、右の史料からは、神輿渡御の行列が犬神人・願主・師子（獅子舞）の衆・社人・輿に乗った神子・神輿・馬に乗った神主・四座の衆の順序であったことが読みとれる。

このうち、願主だけはほかの史料にも出てこず、その実態がよくわからない。ただ、それ以外の人びとについては、おおよそつぎのように説明することができる。

犬神人・四座の衆・師子の衆

まず、先頭の犬神人についてであるが、その所属は祇園社でありながらも、実際には、

清水寺の参詣道の入り口にあたる清水坂に居住していたことで知られている。神人とよばれているが、中世ではそれより下の身分に属していた。

その彼らが神輿渡御の先導をつとめるようになった時期については、彼ら自身が、文和《ぶんな》二年（正平《しょうへい》八年、一三五三）の段階で、「祇園社祭礼のとき、犬神人ら六月朔日《ついたち》より十四日にいたり、社頭を警固し、掃除をいたし、御行《みゆき》のとき、供奉せしむ」（『八坂神社文書』）とのべており、室町時代以前であったことはまちがいない。そして、その役目は、右の史料にみえる「掃除」、つまり神輿のすすむ道筋を清めることにあった。

当時、来日していたキリスト教の宣教師たちも、そのすがたを目のあたりにして、「たとえ酷暑であっても、輿が通過する間、誰も頭に帽子をかぶったり扇子を使ったりすることは許されない。なぜなら（輿に）先行している大勢の下賤《げせん》の者が（そうした人を見つけると）その頭を棒でなぐりつけるからである」（フロイス『日本史』）という報告をしている。おそらく、このような役目もおこなっていたのであろう。

ちなみに、歴博甲本・上杉本などの洛中洛外図屏風には、神輿渡御を先導する犬神人のすがたも描かれている。それをみてみると、手に長い棒をもち、柿渋色の衣に白い覆面、それが三人ずつ二列、計六人で先導するというすがたで描かれている。戦国時代においては、このような出で立ちで犬神人は神輿を先導していたのであろう（図5－3）。

図5－3　神輿渡御
（米沢市上杉博物館所蔵「上杉本洛中洛外図屏風」）

犬神人がこのように神輿を先導する役目をになっていたとすれば、そのしんがりをつとめていたのが、鎧直垂すがたの四座の衆であった。

こちらは、室町幕府の侍所《さむらいどころ》に所属する四座公人《くにん》と考えられ、[3]南方《みなみかた》と北方《きたかた》のふたつのグループによって構成された小《こ》舎人《どねり》と雑色《ぞうしき》とされている。

大永《たいえい》三年（一五二三）の史料（『蜷川家《にながわけ》文書《もんじょ》』）に、「一、祇薗（園）会御警固のこと」とみえ、少なくとも戦国時代には、神輿渡御の警固役をになっていたことがわかる。もっとも、いつからそのような役目をになうようになったのかという点についてはさだかではない。

この四座の衆と犬神人のあいだにはさまれて、神輿に供奉していたのが、残る師子の衆・社人・神子・神主となる。このうち、社人とよばれているのは、祇園社に所属する宮《みや》仕《じ》や公人[4]とよばれた人びとであり、また、馬に乗って神輿の御供をする神主とは、御旅所の神主と考えられる。

輿に乗る神子については、男神子なのか女神子なのか、あるいは、本社に所属していた神子なのか、御旅所に所属していた神子なのか、これだけではわからない。ただ、そのまえをすすむ師子の衆が、師子（獅子）舞であることはあきらかだろう。(5)

ちなみに、応仁・文明の乱以前においては、師子のような芸能者として、ほかにも本座《ほんざ》田楽《でんがく》・新座《しんざ》田楽や王の舞などが供奉していたことも知られている。このとき、もし供奉していたのが師子の衆だけであったとすれば、少しさびしいようにも思える。

もっとも、先にもふれた、戦国時代で唯一、馬上役《ばじょうやく》がくだされた形跡のみられる文亀《ぶんき》二年（一五〇二）の史料（『新修八坂神社文書　中世篇』）には、「師子」とならんで「田楽」「王の舞」の記載もみられるから、戦国時代においても、田楽や王の舞がそれ以前と同様に供奉していた可能性は考えられよう。

また、一般に祭礼においては、「王の舞と獅子の通らずして神幸のことなきなり」（『厳《ごん》神鈔《じんしょう》』）といわれ、獅子舞と王の舞は、神輿の露払いの役目もになったとされている。(6)そういう意味では、祇園会においてもまた、欠くことができなかったのかもしれない。

神輿の露払いという点では、犬神人もよく似た役目をになっていたが、ただし、馬上役にかかわる史料をみるかぎり、犬神人に対しては、馬上役がくだされた形跡が確認できない。その意味では、職掌人《しきしょうにん》とよばれた獅子舞や王の舞と犬神人とのあいだには、明確な一線がひかれていたといえよう。

大宮駕輿丁

『祇園会山鉾事』には記されていないものの、応仁・文明の乱以前より馬上役がくだされていた人びとがいた。大宮駕輿丁《かよちょう》（史料では駕与丁・加与丁とも）とよばれる人びとである(7)。

駕輿丁とは、輿や神輿を担ぐ人を意味し、大宮駕輿丁とは、三基の神輿のひとつ、大宮を担ぐ人びとを指す。残る八王子と少将井の駕輿丁に対しては、馬上役がくだされた形跡がみられないが、その理由についてはわからない。また、そのことも関係しているのだろうか、その実態をさぐる手がかりもほとんど見いだすことができない。

それに対して、大宮駕輿丁については多くの史料が残されており、そこからきわだった特徴がみられたことがわかる。その特徴とはすなわち、彼らが京都の人ではなく、摂津国今宮の神人であった点である。

その今宮神人が、いつから大宮駕輿丁の役目をつとめていたのかといえば、『祇園執行《しぎょう》日記』（『社家記録』）正平七年（文和元年、一三五二）六月一四日条に「今宮駕輿丁五十余人参る」とみえることより、おそくとも南北朝時代であったことがわかる。また、その人数が五十余人であったことも読みとれる。

もっとも、彼らはこれよりまえにすでに祇園社と関係をもっていた。『祇園執行日記』建治《けんじ》四年（弘安元年、一二七八）三月一四日条に、「今宮神人一懸《ひとかけ》送る」とみえるからである。

また、鎌倉時代末期、元弘《げんこう》三年（一三三三）の史料（『内蔵寮領等目録《くらりょうりょうとうもくろく》』）には、「一、今宮供御人《くごにん》、上洛のとき、蛤《はまぐり》一鉢これをすすむ」とみえ、今宮神人は上洛したさい、供御人として内蔵寮という朝廷の役所に蛤を献上していたことも知られる。

これらのことから、今宮神人は、神人であると同時に、天皇に対して食物を献上する供御人でもあり、そして、その実体は、瀬戸内海でとれた蛤を京都まで運び、それを売る蛤商人であったことがあきらかとなろう。

今宮神人と魚物商売

それでは、蛤商人であった今宮神人が、なぜ大宮駕輿丁として神輿に供奉していたのであろうか。残念ながら、その理由をあきらかにできる史料は見あたらない。ただ、それが商売上、有利にはたらいたであろうことは、容易に想像することができる。

たとえば、そのことについては、つぎのような史料（『新修八坂神社文書　中世篇』）からもみてとることができる。

祇園社大宮駕輿丁摂津国今宮神人ら申す魚物《うおもの》商売のこと、往古《おうこ》より座中として問丸《といまる》に相着《あいつ》け、売買せしむるのところ、当会《とうえ》退転《たいてん》により、近年ほしいままに座中の沙汰におよばず、直《じき》にこれを買い取り商売いたすと云々《うんぬん》、事実たらば、はなはだ謂《い》われなし、すでに神事違乱《いらん》におよぶのうえは、先規《せんき》のごとく、沙汰《さた》いたし、神役《しんやく》を専《もっぱ》らにすべきの旨、堅く下知《げち》を加えらるべきのよしそうろうなり、よって執達《しったつ》くだんのごとし、

文亀弐

六月七日　（飯尾）清房

（松田）頼亮

当社執行御房《とうしゃしぎょうごぼう》

文亀二年といえば、明応《めいおう》九年（一五〇〇）の再興から二年後にあたる。ところが、そのころ「当会退転」とあるように、祇園会が応仁・文明の乱によって三三年間、停止に追いこまれていたことが影響し、それまで今宮神人がおこなってきた「問丸」（問屋）に荷物

をおろして、それから売買するという方法以外で商売するものが出てきた。

神事にも支障が出ている以上、今宮神人がこれまでどおりの商売をおこない、神役もつとめられるよう幕府として下知をくだすものである、というのがその内容である。

冷静に考えてみると、今宮神人の商売がうまくゆかないことと、神事に支障が出ることとのあいだには直接的な関係はみられない。しかしながら、それがあたかも深い関係をもっているかのように幕府にみとめさせている点にこそ、今宮神人が大宮駕輿丁である意味があった。

とすれば、なぜ幕府は今宮神人の訴えをうけ入れ、それをみとめたのであろうか。その謎を解く鍵は、右の史料が記された月日にかくされている。六月七日、すなわち祇園会神幸の式日である。

このとき、実際に右の史料が式日当日に出されたのかどうかについてはさだかではないが、明応九年の再興以後、細川政元《まさもと》が暗殺されるまでの数年間、幕府も式日どおりの祭礼実施を最優先にしていたことを思いおこせば、大宮駕輿丁である今宮神人の訴えをないがしろにすることはできなかったであろう。

なぜなら、もしその訴えがうけ入れられなければ、今宮神人はおそらく神輿を担ぐことをやめてしまったにちがいないからである。神輿の担ぎ手である駕輿丁がいなければ、神輿渡御はおこなえない。しかも、中世の神輿はだれでもが担げるものではなく、駕輿丁のみが担ぐことができるとされていた。そうである以上は、なおさら幕府としてもその訴えをこばむことはできなかったであろう。

このように、式日当日やそれをねらって幕府に対して今宮神人が訴訟をおこすことは、応仁・文明の乱以前から確認することができる。今回もまた、それをふまえたものであり、式日がある程度安定しているかぎり、このやりかたは、今宮神人にとって大きな効果をもたらした。

魚物商売をめぐる攻防

先にもふれたように、今宮神人のあつかう商品は蛤であったが、実際には、蛤のほか、海老や擁剣《がざめ》という蟹もあつかっていた（『山科家古文書《やましなけこもんじょ》』）。いずれにしても、かぎられた海産物であることにはかわりはない。ところが、右の史料では、それが「魚物商売」と記されており、今宮神人がその商売を拡大しようとしていたことが読みとれる。

じつは、この時期の京都においては「魚物商売」に大きな力をふるう商人がいた。それが、「魚類振売本座《うおるいふりうりほんざ》」、あるいは「魚類商売座」「振売六角町《ふりうりろっかくまち》・今町等商人《いままちらしょうにん》」とよばれた商人たちである。その実態についてはいまひとつよくわかっていないものの、下京の六角町、上京の今町を根拠地としつつ、近江《おうみ》国の粟津《あわづ》供御人とも深い関係があったと考えられている。

どうやら今宮神人は戦国時代になってから、この「魚類振売本座」に対して商売上の挑戦をかけていたようで、それが先の史料にみえる「魚物商売」ということばとしてあらわれていた。

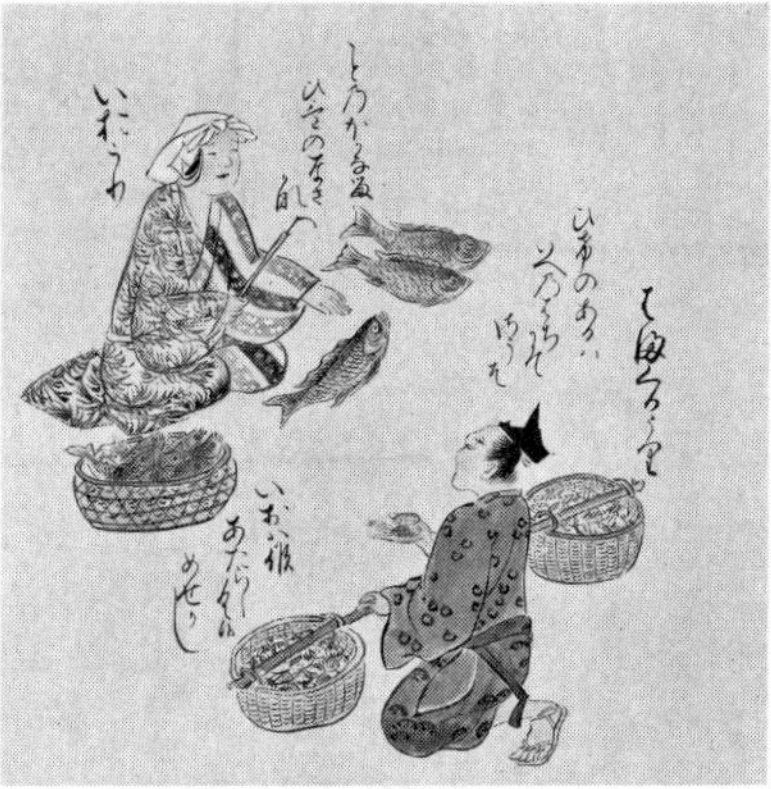

図5－4　魚売（左）・蛤売（右）
（東京国立博物館所蔵、狩野晴川・狩野勝川「七十一番職人歌合（模本）」）

このことを裏づけるように、戦国時代に制作された『七十一番職人歌合《しちじゅういちばんしょくにんうたあわせ》』にも「魚売《いおうり》」と「蛤売」とが対にならべられている（図5－4）。この両者がしのぎをけずっていたのは、よく知られたことだったのであろう。

もちろん、今宮神人から挑戦をうけていた魚類振売本座のほうも負けてはいなかった。たとえば、永正《えいしょう》一三年（一五一六）一二月には、彼らの訴えによって、「今宮四座商売物、擁剣・蛤・編海老《あみえび》、このほかいっさい停止《ちょうじ》すべきこと」との定書《さだめがき》（『政所方引付《まんどころかたひきつけ》』）が幕府から出されたことが知られるからである。

この定書のとおりであれば、今宮神人があつかえる海産物は、蛤・海老・擁剣といった、応仁・文明の乱以前の状態にたちもどらざるをえなくなる。それにしてもなぜ、この永正一三年にこのような定書が出されるにいたったのだろうか。

その理由についてははっきりとはわからないが、注意しておかなければならないのは、この年の祇園会が式日どおりにはおこなわれず、一〇月一四日に追行されたという点であろう（『後法成寺関白記《ごほうじょうじかんぱくき》』同日条）。右の定書は一二月に出されており、祇園会が追行されたあとでもあったため今宮神人は在京していなかった可能性が高いからである。

式日がある程度、安定していれば、今宮神人もどのようにでも対応することができたであろう。しかしながら、永正年間以降、祇園会の式日は迷走をつづけていくことになり、おそらく大宮駕輿丁である今宮神人もふりまわされたにちがいない。そして、そのような混乱のなかで、ときに訴訟にやぶれるケースも出てきたのであろう。

ただし、これによって今宮神人による魚物商売への挑戦が終わったのかといえば、けっしてそうではなかった。たとえば、これから六年後の大永二年（一五二二）六月に今宮神人は、魚物商売に関する下知状（『今宮村文庫文書』）を幕府からふたたび獲得している。

また、大永五年には、「魚類本座商人」が「今宮の魚物荷物」をむりやり押収したことに対して、それを返すようにとの幕府の命令も出されている（『大館常興日記紙背文書《おおだちじょうこうにっきしはいもんじょ》』）。

そして、結局のところ、今宮神人は永禄七年（一五六四）ころには、日数をかぎったかたちでの独占権も手に入れるまでになっていた（『古文書集』）。この年、「粟津座」（粟津供御人）が、「摂州今宮神人祇園会供御人数日逗留《とうりゅう》いたし、ほしいままに商買《しょうばい》」していたことを幕府に訴えたさい、「祇園会両日四日」以外の今宮神人の商売を禁じるようもとめた事実が確認できるからである。

ここから逆に、少なくとも「祇園会両日四日」においては、今宮神人による魚物商売がみとめられていたことがうきぼりとなる。この「祇園会両日四日」が、具体的にどれだけの日数であったのかについてはさだかではないが、神幸と還幸の「両日」プラスアルファ「四日」で、「数日」にはおよばない日数だったのだろう。けっしてながい期間とはいえないものの、しかしながら、蛤・海老・擁剣の独占のうえに、魚物商売にも食いこむことができたという実績は、今宮神人にとって大きな成果だったにちがいない。

犀鉾神人と堀川神人

このように、今宮神人は、戦国時代をとおして大宮駕輿丁をつとめつつ、それによってみずからの商売の安定と拡大をはかりつづけたわけだが、この今宮神人と同じように、神輿渡御に供奉し馬上役をくだされていた神人としては、犀鉾神人《さいのほこじにん》が知られている。

もっとも、『祇園会山鉾事』にはそのすがたが記されておらず、また、馬上役にかかわる史料（『八坂神社文書』）にも年月日がないうえ、「さいのほこ　弐貫文」としか書かれていない。しかも、その部分が消され、その横に「総じてなきこと」と記されており、じつのところ、判断にこまる存在ではある。

ただ、それはそれとして、この犀鉾神人が戦国時代、今宮神人と同様、京都において活発に商売を展開していたことは、いくつかの史料によって確認できる。あつかう商品は果物で、「柑類座《こうるいざ》」（『別本賦引付《べつほんくばりひきつけ》』四）、あるいは「こうるいの座」（『言継卿記《ときつぐきょうき》』天文《てんぶん》一四年六月六日条）とよばれていた。果物のなかでも柑橘類をあつかう商人だったのであろう。

ところが、天文一三年（一五四四）ころより犀鉾神人は、鳥も商売しようとして、「鳥三《とりさん》座《ざ》」とのあいだで相論《そうろん》（争議）になったことが知られている（『別本賦引付』一）。相論がどのように決着したのかについてはさだかではないが、今宮神人と同様、祇園会神輿渡御にかかわることによって、商売の拡大をはかっていたのであろう。

このほか、神輿渡御には供奉していないため馬上役はくだされていないものの、神輿渡御に欠くことのできない役目をになったものとして堀川《ほりかわ》神人が知られている。この堀川神人は、「最初の神領根本神人《しんりようこんぽん》」（『社家条々記録《しやけじようじようきろく》』）といわれ、祇園社ではもっとも古い神人として知られる材木商人であった。

堀川神人は、戦国時代には、「木屋座衆《きやざしゆう》」（『八坂神社文書』）ともよばれていたが、その役目は、三基の神輿が鴨川を渡るさいに通る浮橋《うきはし》をつくることにある。歴博甲本や上杉本などの洛中洛外図屏風を注意深くみればわかるように、神輿渡御のさい、犬神人を先頭に供奉する人びとが鴨川にかかった四条橋を渡っているのに対し、神輿は、その横に架けられた別の橋を渡っていることに気がつく。この別の橋こそ浮橋であり、祭礼のたびに堀川神人の手によって架けられた。

神輿がなぜ浮橋を渡るのかという理由については、確たることはわからない。ただ、室町時代には、「橋の上においては、怖畏《ふい》あるのあいだ、さきざき神幸なし、ただ浮橋を渡り通らせしめたもうのよし、一説あり」（『康富記《やすとみき》』宝徳《ほうとく》二年六月七日条）とあり、人や牛馬の渡るような橋を渡ることにはタブーがあったらしく、もし渡るとしても、「荒薦《あらこも》」（荒く編んだむしろ）を敷かなければならなかったとされている。おそらく戦国時代でも同様だったのであろう。

少将井駒頭

ところで、戦国時代の神輿渡御にかかわっては、長きにわたって相論（争論）となっていたことがあった。少将井駒頭《こまがしら》をめぐる相論である。残された史料でわかる範囲でも、相論がおこったのが文亀元年（一五〇一）であり、それが終結したのは永正一八年（一五二一）と考えられる。じつに二〇年間におよぶ相論であった。

問題の少将井駒頭がどのようなものであったのかについては、残念ながらわからない。ただ、少なくとも少将井御旅所か、あるいは少将井の神輿と関係するものであったと考えられる。

また、「当社祭礼のとき、諸役のうち、この狛（駒）もっとも随一なり」（『八坂神社文書』）といわれており、神輿渡御には欠くことのできない存在として知られていた。駒頭という以上、物体としては、馬の頭をかたどったものであり、また、相論を展開したいっぽうが神子であるので、神子などがそれをたずさえて、神輿渡御に供奉したのであろう。

ちなみに、現在の神輿渡御にも駒形をたずさえて供奉する久世《くぜ》駒形《こまがた》稚児《ちご》が知られている。

しかしながら、この両者にどのような関係があったのかについては、今のところ史料によってたどることはできない。

史料によれば、この駒頭をもともと所持していたのは、駒大夫《こまだゆう》の家次《いえつぐ》という人物であった。ところが、「去る一乱ののち、それがし無力につき」と、応仁・文明の乱後の困窮のため、家次が駒頭を質（担保）に入れて御霊社《ごりょうしゃ》の奥という女神子から銭をかりたことに端は発する。

明応九年（一五〇〇）の再興のとき、駒頭が家次の手元にもどっていなかったため、神輿渡御には、家次のかわりに御霊社の奥が駒頭とともに供奉することになったからである（『八坂神社文書』）。

図５－５　御霊社（上御霊神社）

駒頭が家次の手元にもどされなかった理由については、双方の言い分がまっこうから対立しており、どちらに理があるのかについては見分けがつきにくい。実際、幕府も判断に苦しんだのだろう、相論がおこった文亀元年には、とりあえず駒頭を祇園社へ預けることにしている（『八坂神社文書』）。

しかしながら、幕府の裁決がなかなかくだされなかったこともあって、混乱はさらにながびくことになる。そのため、永正二年（一五〇五）の祇園会では、駒大夫も属する「御駒《おこま》かしら座中」が、祇園社へ申状《もうしじょう》（『新修八

坂神社文書　中世篇』）を提出し、「去る七日の神幸、御事欠《おんこと》きそうろう」と、六月七日の神幸に駒頭が供奉しないという事態にまで陥ってしまった。

もっとも、それは「御霊神子奥女《おくめ》拘借《こうじやく》せしむ」（『八坂神社文書』）とあるように、御霊社の神子奥が駒頭をかかえこんでしまったことに原因があったようだが、いずれにしても、その所有をめぐる混乱がつづいたため、相論は二〇年の長きにわたって継続することになる。

結局のところ、相論は永正一八年ころに「少将井駒頭のこと、巫女《みこ》奥返上」（『八坂神社文書』）し、神子の奥が駒頭を祇園社へ返上することで終結をみたようである。

御霊神子

今回、このように少将井駒頭をめぐって混乱がつづいた背景には、駒大夫の家次が応仁・文明の乱後に困窮したこと以外の事情もからんでいたと考えられる。右の相論と並行して、少将井御旅所に所属する神子集団を統括する「惣一職《そういちしき》」が、明応九年に「御霊惣一芝《しば》」なる神子に譲られるという事実も確認できるからである（『八坂神社文書』）。

この御霊惣一芝と御霊社の神子奥との関係については、今ひとつさだかではない。しかしながら、文亀二年には、「御霊の一」が「大勢をもって座中の神子を引き立て、あまた打擲《ちょうちゃく》つかまつりそうろう」(『祇園社記』二三)という事件もおこしている。御霊社の神子集団は、少将井御旅所の神子集団のもつ権利を根こそぎ奪うつもりであったらしく、おそらく駒頭の一件もまた、このような動きのなかでおこったものなのだろう。

御霊社(上御霊神社)といえば、その境内にあった御霊の森が応仁・文明の乱の勃発地となったことでも知られている。その場所は、少将井御旅所からながめても、かなり北にあたる。ただ、戦国時代には、少将井御旅所も惣構の外に位置していたこともあり、そのようなことから御霊社の神子集団の進出をゆるすことになったのかもしれない。

ちなみに、先にみた少将井御旅所の神主にくだされた馬上役が、神子や駒大夫などにもくだされていたのかどうかについてはさだかではない。しかしながら、駒大夫の家次が応仁・文明の乱後に困窮したとのべていることから、馬上役を含めた費用の不足という事態がなんらかの影響をあたえていた可能性は高いであろう。

戦国時代の神輿渡御とにない手

前章でもふれたように、神輿渡御は、その成り立ちからして戦国時代の祇園会がおかれた状況に大きく影響をうけることになったが、それはそのまま、にない手たちにも影響をおよぼしていたことが、以上みてきたことからもうかがえる。

もちろん、それは、山鉾巡行においても同様であったと考えられるものの、ただ、神輿と山鉾ではその成り立ちが異なっている分、影響のあらわれかたにも当然違いがみられたであろう。

そこで次節では、このことを念頭におきながら、山鉾巡行のにない手についてみてゆくことにしよう。

2　山鉾巡行

神輿渡御の停止

祇園会において、神輿渡御とならんで重要な祭事となってゆく山鉾巡行がいつ成立したのかという問題は、じつは思いのほか難問である。今のところ、その成立は鎌倉時代の末期ころと考えられているが(8)、史料のうえにひんぱんに登場してくるようになるのは、南北朝時代である。

もっとも、これには記録を残した公家たちの視線の変化もあったようである。これ以前の祇園会では、六月一四日の還幸のさいに公家社会がととのえた馬長童《めちようのわらわ》や文殿歩田楽《ふどののかちでんがく》といった素人の芸能に注目が集まっていたのが(9)、このころを境に山鉾へと移っていったとみられるからである。

ただ、そうはいっても、この時期の史料はそれ自体が少ないため、まだまだわからないことばかりといったところが実際である。そのようななか、山鉾の存在が一気にクローズアップされるようなできごとがおこる。

きっかけは、応安《おうあん》元年（一三六八）から二年にかけて、延暦寺大衆《えんりゃくじだいしゅ》が日吉七社の神輿を入京させて、南禅寺の「新造楼門《ろうもん》」（新しくつくった山門）の破却をもとめたことにあった。ただ、そのことよりむしろ、今回の騒動で破損した神輿の造替《ぞうたい》（つくりかえ）をめぐって、延暦寺大衆と幕府とのあいだで対立がつづいたことが祇園会に大きな影響をあたえることになった。

本社である日吉社の神輿の造替が終わらないのに、末社である祇園社の神輿が渡御するわけにはゆかないという理由で、応安三年には、祇園会の神幸も還幸も完全に停止する事態に陥ってしまったからである（『後愚昧記《ごぐまいき》』六月七日・一四日条）。

この事態がいかに異常であったのかについては、これよりおよそ三〇年前の康永《こうえい》二年（興国《こうこく》四年、一三四三）に神輿渡御が延引したときでさえ、一一月には追行されたのに対して（『祇園執行日記』一一月八日・一五日条）、今回は完全な停止であり、しかもそれが、日吉七社の神輿の造替が終わるまでつづくことになった点からもあきらかといえよう。

実際、このことは、当時の公家たちにとっても衝撃であったらしく、それは、三条公忠《さんじょうきんただ》の日記『後愚昧記』永和《えいわ》四年（一三七八）六月七日条の記事からもみてとることができる。

今日祇園御輿《みこし》迎えなり、しかるに山門神輿造替いまだことおわらざるのあいだ、かの社《やしろ》祇園の（神）神輿同じく出来《しゅったい》せず、よってこの間《かん》年々御（神）輿迎えなし、今年もまた同前なり、しかれども鉾においては、これを結構《けっこう》す、

応安三年から七年たったこの年においてもなお、「この間年々御（神）輿迎えなし、今年もまた同前なり」と記されている。異常な事態がつづいていたことが知られるが、結局、それは、康暦《こうりゃく》二年（天授《てんじゅ》六年、一三八〇）までおよそ一〇年におよぶことになった。

山鉾巡行の成立

注目されるのは、このような異常事態がつづいていたにもかかわらず、右の史料からもわかるように、「鉾においては、これを結構す」と、鉾のほうはなんら影響をこうむることなく巡行していた点である。

先にふれた、将軍足利義満が「児童《こわらわ》」だったころの世阿弥とともに同じ桟敷《さじき》で祇園会を見物したのはこのときのことであったが、このように神輿渡御が停止されるなか、山鉾巡行だけがおこなわれたのは、一〇年のあいだでもこの年にかぎられることではなかった。たとえば、その二年前の永和二年もつぎのようであったと伝えられているからである。

今日祇園御輿(神)迎えなり、しかれども御輿(神)造替いまだ道ゆかずそうろうあいだ、御輿(神)出《い》でたまわず、（中略）下辺《しもわたり》の鉾ならびに造物山《つくりものやま》さきざきのごとくこれを渡す、大樹《たいじゅ》(足利義満)桟敷四条東洞院云々、を構え見物すと云々、

祇園会、御輿(神)出御《しゅつぎょ》なし、鉾など常のごとし、大樹(足利義満)また三条東洞院において見物す、高《たか》大鉾《おおほこ》顛倒《てんとう》す、老尼《ろうに》一人圧死すと云々、

これもまた、『後愚昧記』からの記事だが、前者が六月七日、後者が六月一四日の記事となる。これをみてみると、六月七日には、「鉾ならびに造物山」が、また、六月一四日には、「高大鉾」が渡り、それらをともに「大樹」（将軍義満）が、四条東洞院と三条東洞院に構えた桟敷で見物したことがわかる。

このことからも、この時期すでに、のちの「七日山鉾」（いわゆる前祭《さきまつり》）と「十四日山々」（後祭《あとまつり》）が存在し、しかも、おのおのが四条大路（四条通）と三条大路（三条通）を巡行するかたちが成立していたことがあきらかとなろう。

神輿渡御が完全に停止していたことと山鉾巡行がかたちをととのえてゆくこととのあいだに、どのような因果関係があったのかについてはさだかではない。しかしながら、少な

くとも祇園会に対する人びとの視線が、この一〇年の年月をへて神輿渡御から山鉾巡行のほうへと傾いていったことだけはまちがいない。

また、それとともに、山鉾巡行はこの一〇年を経験することによって、民俗学が説明するような、疫病をおこす疫神《えきしん》を遷却《せんきゃく》（なぐさめて送りだす）する行事としても定着していったと考えられよう。[10]

山鉾のにない手

ところで、右の史料は、別の角度からも興味深い内容を見いだすことができる。このころ、鉾のなかには、「老尼」を圧死させるほどに巨大化した「高大鉾」が登場していたことが知られ、また、それらが「下辺《しもわたり》」とよばれる、のちの下京につながる地域と接点をもっていたことが読みとれるからである。

とくに、「下辺」という部分は、別の史料では、「祇園会鉾など、下辺経営」（『後愚昧記』応安七年六月一四日条）ともあらわれ、下辺の住人、あるいは下辺にかかわる人びとが山鉾のにない手であったことを示すものとして貴重である。

それでは、そのにない手とは、具体的にはどのような人びとだったのだろうか。残念ながら、この点をくわしく知るための手がかりはほとんど残されていない。ただ、そのようななかでも、それをうかがわせる数少ない史料として知られているのがつぎである。

祇園の御霊会《ごりようえ》、今年、ことに結構、山崎の定鉾《しずめほこ》、大舎人《おおとねり》の鵲鉾《かささぎほこ》、処々の跳鉾《はねほこ》、家々の笠車《かさくるま》、風流《ふりゆう》の造山、八撥《やつばち》、曲舞《くせまい》、在地《ざいち》の所役《しよやく》、さだめて神慮《しんりよ》にかなうか、

これは、一条兼良《いちじようかねよし》によって記された『尺素往来《せきそおうらい》』にみえる祇園会に関する記述である。一見して、先にみた神輿渡御に供奉する人びとのすがたがみえないことなどから、山鉾をはじめとした風流（趣向をこらした作り物、練《ね》り物、仮装、囃子《はやし》など）に関する記述であることはあきらかといえるが、じつはこれには、もとになった史料が知られている。つぎがそれである。

祇園御霊会、今年、山済々《さいさい》、所々の定鉾、大舎人の鵲鉾、在地の神役、もっとも神慮にかないそうろうや、

こちらは、貞治《じようじ》六年（一三六七）ころに成立したとされる『新札往来《しんさつおうらい》』にみえるものであり、『尺素往来』とくらべてみても、その風流の内容がかなり簡略であったことがわか

る。『尺素往来』と『新札往来』の成立年代には時間差があるとされており、この間に風流が増えていったと考えられなくもない。ただ、確認できる範囲で、おのおのの風流の初見を点検してみると、『新札往来』の成立よりまえには『尺素往来』にみえるものも含めて、あらかた見いだすことができる。

たとえば、「山」「風流の造山」については、「山以下作物これを渡す」（『師守記《もろもりき》』貞和《じょうわ》元年六月一四日条）という記事として、また、「定鉾」については、「定鉾例のごとし」（『師守記』康永四年六月七日条）、「鵲鉾」については、「今年笠鷺鉾《かささぎほこ》これなし」（『師守記』貞治四年六月一四日条）、そして、「曲舞」については、「久世《くせ》舞車《まいぐるま》これあり」（『師守記』貞治三年六月七日条）というようにである。

したがって、『新札往来』が記された貞治六年よりまえの一四世紀前半には、山鉾自体は成立していたことになるが、ここで注目されるのは、『尺素往来』『新札往来』ともに、これら風流のことを「在地」の「所役」（神役）と記している点であろう。

この場合の「在地」とは、「下辺」と同じような意味でつかわれており、ここから、にない手にせまる手がかりが得られそうに思えるからである。

図5-6　鵲鉾
（東京国立博物館所蔵「月次祭礼図屛風（模本）」）

大舎人と鵲鉾

　もっとも、そのこととあわせて注意しておかなければならないのは、山鉾など風流をになう人びとが、「在地」や「下辺」とのあいだに接点をもっていたとしても、かならずしもそこに居住していたとはかぎらない点であろう。

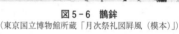

　たとえば、『尺素往来』にみえる「山崎の定鉾」の「山崎」とは、山城国乙《おと》訓《くに》郡大山崎の油神人として知られる大山崎神人のことと考えられるし、また、『尺素往来』『新札往来』の両方にみえる「大舎人の鵲鉾」の「大舎人」も、のちの西陣あたりに居住する綾織物《あやおりもの》の織手の同業者組織である大舎人（大舎人座）を指すと考えられるからである。

　大山崎神人も大舎人も、ともに下辺を拠点としていないことはあきらかであり、したがって、「処々の跳鉾、家々の笠車、風流の造山、八撥、曲舞」などのにない手だけが「在地」の人びとだったことになろう。

さらに注意すべきは、大舎人の鵲鉾（笠鷺鉾）が、大舎人単独の風流でもなかった点である。この点については、すでに指摘されてきたことではあったが、[11]著者の論集『中世京都の都市と宗教』（思文閣出版、二〇〇六年）で紹介した『祇園会山鉾事』（八坂神社所蔵）においても、「一、かさほく（笠鉾）　大とのゐ（舎衛）」「一、さきほく（鷺鉾）　北はたけ（畠）」とあるように、応仁・文明の乱以前の一四日の鉾として並記されていたことが確認できる。

ここにみえる「北はたけ」とは、相国寺《しょうこくじ》に所属する北畠の散所《さんじょ》、あるいは声聞師《しょうもじ》（民間の陰陽師）を意味しており、[12]したがって、大舎人の鵲鉾とは、大舎人の笠鉾と北畠散所の鷺鉾（鷺舞）とが対になって成り立っていたと考えられよう。

このように、大舎人の鵲鉾は、下辺という地域にかならずしも密着した風流ではなかったわけだが、そのこともあって、伏見宮貞成親王《ふしみのみやさだふさしんのう》の日記『看聞日記《かんもんにっき》』永享八年（一四三六）六月一四日条に「祇園会例のごとし、朝、大舎衛《とのえ》の鉾、北畠の笠鷺鉾など参る」とみえるように、上京に所在した貞成の御所へも推参することが可能であったと思われる。

すがたを消した鵲鉾

ところが、鵲鉾は、明応九年（一五〇〇）の再興を境にそのすがたがみられなくなる。

なぜそのようになってしまったのかという点についてはさだかではないが、これに関連してであろう、再興後しばらくのあいだ、幕府は大舎人に対して、つぎのような要求をつきつけていたことが知られている（『祇園社記』一六）。

祇園会のこと、再興のところ、大舎人方《おおとねりかた》にかぎり、雅意《がい》にまかせ、その役にしたがわざるの条、言語道断の次第なり、さる明応九年以来の失墜分《しっついぶん》として、弐百貫文分、厳密にこれを社納せしめ、神事無為《しんじぶい》の節を遂ぐべき旨、堅く彼の座中に下知《げち》を加うべし、万一異儀におよぶ輩《ともがら》あらば、権門勢家《けんもんせいか》の被官といわず、罪科に処せらるべきの段、開闔《かいこう》に仰せつけられおわんぬ、よろしく存知せらるべきのよし、仰せ出だされそうろうなり、よって執達《しったつ》くだんのごとし、

文亀三
六月五日　（飯尾）清房判
（飯尾）元行判
当社執行

祇園会が再興したにもかかわらず、大舎人だけが「役」（神役）にしたがわないことは

けしからぬ。明応九年の再興以来、すでに三年が経過しており、その間、鵲鉾を出さなかったことに対する「失墜分」（代償）として「弐百貫文」（二〇〇貫文）を祇園社へおさめるよう下知を加えた。万一、それにしたがわないものがいたなら、「罪科」に処すよう侍所《さむらいどころ》の開闔に命じているので、祇園執行としても、そのことをよろしく承知しておくように、というのがその内容である。

どのような計算によって「失墜分」二〇〇貫文という数字がはじき出されたのかについてはわからないが、幕府が、大舎人に対してきびしい態度でのぞんでいたことは読みとれる。

もっとも、右の史料が祇園執行に出されていることからもうかがえるように、ここにみられる幕府の態度は、大舎人に対してというよりむしろ、祇園執行に対する一種のポーズのようにもみえる。

これと同じような幕府奉行人の奉書は、明応九年から永正四年（一五〇七）にいたるまで毎年のように出されているにもかかわらず、大舎人がこれに応じた形跡はまったくみられないからである。

しかも、これとほぼ同時期に幕府が、馬上役《ばじょうやく》の補塡のために山鉾を省略させてその費用にあてようとしていたことを思いおこせば、大舎人に対しての要求もまた、同じ文脈上のできごとであったと考えられる。

先にみたように、山鉾のほうは一部が省略されて、その費用が馬上役にあてられたと考えられるが、対して、大舎人がそれに応じなかったのは、おそらく、祇園会が三三年間にわたって停止となっているあいだに、大舎人が、祇園会とも、また下辺や在地とも接点をもたなくなっていたことが関係していよう。

地域に密着した山鉾へ

このことから逆に、再興後の山鉾が、在地や下辺（下京）といった地域により密着した人びとによってになわれるようになっていた事実もうかびあがってくる。実際、それを裏づけるような史料（『八坂神社文書』）もみられるようになる。

祇園会のこと、日吉祭礼遅々《ちち》せしむるにより、すでに月迫《げっぱく》におよぶの条、山鉾など調《ととの》えがたきの旨、歎き申すのあいだ、彼の失墜料《しっついりょう》をもって、当社に付せられおわんぬ、向後《きょうこう》の例たるべからざるのうえは、これを存知せしめ、その沙汰《さた》をいたすべきのよし、仰せ出だ さるるところの状くだんのごとし、

永正八

十二月十四日　（飯尾）貞運（花押）
（諏訪）長俊（花押）
祇園会
敷地々下人中《しきじじげにん》

永正八年（一五一一）といえば、祇園会が越年して追行されるといった異常事態に陥った年である。ところが、右の史料をみてみると、幕府は、年内に祇園会を追行したいと考えていたにもかかわらず、山鉾をになうほうが難色を示していたことがあきらかとなる。

このとき、幕府が祇園会を追行させようとした背景には、この直前、一二月二〇日前後に日吉祭が追行されたことがある（『実隆公記《さねたかこうき》』一二月二二日条）。また、右の史料からは、先の大舎人のときと同様、山鉾を出さないことへの「失墜料」（代償）を祇園社へおさめさせようとしていたこともわかる。

この時期の幕府が山鉾に対して示す姿勢に一貫性が読みとれ、それはそれで興味深いといえるが、ここで注目されるのは、幕府が「失墜料」を支払わせようとしていた山鉾のにない手を「祇園会敷地々下人中」とよんでいる点であろう。

「地下人《じげにん》」ということばは、当時、「町や村の土着の人、または、そこの住人」（『日葡辞《にっぽじ》書《しょ》』）という意味でつかわれることが多い。したがって、この時期の山鉾もまた、地域に土着する人びとによってになわれていたことがあきらかとなるからである。

もっとも、それとともに注意しておく必要があるのは、「地下人」のうえに記されているのが、「下京」という地域名ではなく、「祇園会敷地」というものであった点である。

この「祇園会敷地」とは、以前、文亀元年（一五〇一）のとき、不足する馬上役を集めるために、幕府がそれを懸けようとしたさいにつかった「当社敷地の上」（『祇園社記』続録一）の「敷地」と同じ意味と考えられる。おそらくはそのときと同様、のちの氏子圏のような漠然とした範囲を意味するのであろう。

したがって、この段階では、社会集団、共同体としての町や町人が山鉾をになっていたとはいえないわけだが、ただ、逆にこれからおよそ二〇年後の天文二年（一五三三）六月に下京の六六町の月行事《がちぎょうじ》・触口《ふれくち》・雑色《ぞうしき》たちが、祇園社に対して、「神事これなくとも、山ホコ（鉾）渡したき」（『祇園執行日記』六月七日条）とのべたことが、町と山鉾とのあいだに接点がもたれるようになったという意味において、いかに画期的だったのかがうきぼりとなる。

それはつまり、この二〇年のあいだに町が社会集団、共同体として立ちあがってきたことを意味するのと同時に、その町に結集する町人たちが山鉾のにない手であることを強く意識してきたこともあらわしているといえるからである。(13)

天文法華の乱後の復興

さて、「神事これなくとも、山ホコ《（鉾）》渡したき」とのことばが登場した天文二年からわずか三年後の天文五年七月、隆盛をほこっていた法華《ほっけ》一揆《いっき》が、延暦寺大衆と近江の六角氏の連合軍との戦いに敗北し、壊滅に追いこまれる。世にいう天文法華《てんぶんほっけ》の乱である。

このときの戦闘は、京中、とりわけ法華宗寺院が集中していた下京を中心にくり広げられたため、「下京一宇《いちう》を残さず、みな放火せらる」（『座中天文記《ざちゅうてんぶんき》』）と伝えられるように、下京をことごとく焼き尽くすことになった。

当然、祇園会山鉾にも甚大な被害をあたえることになったが、それを裏づけるように、現在に伝わる橋弁慶山《はしべんけいやま》や芦刈山《あしかりやま》の神体とされる人形の墨書や刻銘にも、乱の翌年にあたる天文六年（一五三七）という年紀がみられる。

また、かつてつかわれていた長刀鉾《なぎなたぼこ》の刀身には、「天文丁酉《ていゆう》」（天文六年）の年紀で「去年日蓮衆退治のとき、分捕《ぶんど》りにそうろうを買いとどめ申し、感神院《かんじんいん》へ寄附したてまつるところなり」との一文が刻まれている。

ただ、このような事実は、逆に、天文法華の乱の翌年にはすでに山鉾が再興されていたことを示している。下京の復興が、応仁・文明の乱後とは比較にならないほどのスピードですすんだことが知られよう。

実際、天文七年には、追行ではあるが、一二月に「祇園会山鉾これを渡す」（『親俊日記《ちかとしにっき》』一二月二一日条）とみえ、山鉾巡行がおこなわれたことも確認できるのである。

四条綾小路町人らの申状

そして、おそらくは、この天文法華の乱後の復興をとおしてであろう、つぎの史料（『賦政所方《くばりまんどころかた》』）(14)にみられるような、山鉾経営にかかわる新たなしくみも立ちあがっていたと考えられる。

一、四条綾少(小)路《しじょうあやこうじ》町人《ちょうにん》ら申状《もうしじょう》
右子細は、当町東はし南頬正西《みなみつらしょうせい》と申すものこれあり、彼のもの死去つかまつり、跡を娘あいかかえ申し、彼の家の余地を烏丸《からすま》町竹山次郎三郎と申すものに沽却《こきゃく》つかまつりそうろう、言語道断の曲事《くせごと》にそうろう、その子細は、家の敷地ばかりは商買《しょうばい》(売)になり申さずそうろう、余地をもって商買(売)つかまつりそうろう、そうべつ、下京は空き地にも祇園会出銭いたしそうろうところ、他町へ地を進退つかまつりそうろうときは、家ばかりの商買(売)なり申さずそうろうによって、祇園会あい支うと、言上《ごんじょう》せしめ、御雑色《ぞうしき》をもって前々も相触れられ停止の段にそうろう、ことさら、この家の余地を売るべきのよし、前々沙汰《さた》そうらいつるあいだ、使者を立て、曲事の旨申しそうろうのところ、左様の儀かつてもってこれなきのよし返事つかまつりながら、かくのごときの所行《しょぎょう》、前代未聞にそうろう、しょせん、一町にかぎり、余町へ地を商（売）買すべからざるの旨、御下知をなしくだされば、かたじけなく畏《かし》こみ存じそうろう、ほしいままに裏以下の地を余所へ進退つかまつらば、その町の祇園会山の儀は退転の条、申し上げそうろうなり、よって言上くだんのごとし、

天文十八年四月日

よく知られているように、京都の町名の歴史は古く、中世にまでさかのぼるものも少なくない。また、その名づけかたにはある程度の原則があって、横の通りと竪《たて》の通りが交差したところに由来するものも多い。

たとえば、下京にある六角町という町名は、横の通りである六角小路（六角通）と竪の通りである町尻《まちじり》小路（町通）が交差したところに由来するようにである。

ところが、天文一八年（一五四九）四月に申状（訴状）を幕府へ提出した、この「四条綾少（小）路町人」の場合、四条大路（四条通）と綾小路（綾小路通）がともに下京を通る横の通りであるため、どこの町の町人だったのかについてはこれだけではわからない。

図5-7　四条烏丸辺を行く函谷鉾
（米沢市上杉博物館所蔵「上杉本洛中洛外図屏風」）

ただ、あとでもみるように、この町では「祇園会山」を出しており、しかも訴訟相手の「竹山次郎三郎」という人物が「烏丸町」に居住していることから、『祇園会山鉾事』に照らしてみるなら、「花見中将山《はなみちゆうじようやま》」を出す「四条烏丸と綾少(小)路間《あいだ》」町であった可能性は高いだろう（一〇八～一〇九頁の表1、一一〇～一一一頁の図3-3参照）。

訴えの内容

つぎに訴えの内容についてであるが、申状の文章自体は長いものの、内容はつぎのようにいたって明快なものであった。

当町の東側の一番南にあたるところに、正西（正清）というものが住んでいた。ところが、彼が死に、「跡」（財産）を娘が相続したものの、その娘が「家の余地」（家屋敷のうち、建物の建っていない裏の土地）を町内に無断で烏丸町の竹山次郎三郎に「沽却」（売り渡し）してしまった。けしからぬことである。

なぜなら、商売は、「家の敷地」だけで成り立つわけではなく、「余地」を含めてのものであるうえ、下京では、「空き地」でさえ、「祇園会出銭」の負担をしているからだ。だから、勝手に、当町以外の「他町」へ土地を売ってしまうと、商売が成り立たないばかりか、祇園会にも支障が出るため、以前にも訴えがあって、「御雑色」（雑色）をとおして禁止するようにと触れられていたはずである。

しかも、今回の土地については、以前にも売買の話が出ており、そのときには、「左様の儀かつてもってこれなきのよし」（そんな話はまったくない）という返事をしていたにもかかわらず、このような事態にいたったのは、前代未聞のことといわざるをえない。

よって、幕府からも、当町以外の「余町」（他町）へ土地を売買することを禁じる「御下知」をくだしていただきたい。このまま、町内の「家の余地」がよそへ売られるようなことがゆるされれば、「その町の祇園会山」は中止においこまれてしまうことになるだろう、というのが訴えの内容である。

ここからは、社会集団、共同体として町が、町内の土地の売買にきびしく規制をかけていたことが読みとれるが、これと同じようなことは、江戸時代の各町においてもおこなわれていたことが知られており、それにつながる町のありかたが、この時期にはすでに成立していたことが読みとれる。

しかも、規制をかける理由が、商売をとどこおらせないためであり、また、町内の土地がよそへ売られてしまうと、祇園会出銭の負担に問題が生じ、山を出せなくなってしまうとのべられている点は重要であろう。

これによって社会集団、共同体としての町が町人の商売を保証し、保証された商売が安定することによって、祇園会出銭を負担し、山を出すことも可能になるという、この時期の町と山（山鉾）との関係があきらかとなるからである。

祇園会出銭

そして、なにより注目されるのは、山を経営する経済基盤が、空き地や余地も含めた町内の土地をもとにした祇園会出銭であったという点であろう。

ただし、その実態を右の史料のみで読みとることはむずかしい。そのようななか注目されるのは、年月日が未詳であるものの、侍所の小舎人や雑色の名前と家の間口数がことこまかに書きあげられた記録（『蜷川家《にながわけ》文書《もんじょ》』）の存在である。

そこに記された地名のすべてが下京であるとともに、「四条長刀ほこ《（鉾）》町」「かさほこ《（傘鉾）》の丁《（町）》」といった山鉾の名がつけられた町名がみられるなど、この記録が、祇園会出銭の対象から小舎人や雑色を免除するために作成された可能性が考えられるからである。

しかも、江戸時代、山鉾町やそれを補助する寄町《よりちょう》という町で集められた米など(15)が、「地《じ》ノ《の》口米《くちまい》」とよばれ、それが、山鉾経営や四座雑色の扶持《ふち》（給与）にもなったことを考えあわせるなら、問題の祇園会出銭が、土地の間口を基準にそこに居住する人に課せられた地《じ》口銭《ぐちせん》に類似するものであった可能性は高い。

日吉小《こ》五《さ》月会《つきえ》・祇園会とともに、平安時代に馬上役の制度がとり入れられた稲荷祭《いなりまつり》では、鎌倉時代末期、神人の減少により馬上役を廃止し、かわって「町別」に祭礼地口銭が徴収されるようになったとされている。(16)そういう意味では、祇園会の場合、この時期になってようやく類似したしくみが史料のうえにもあらわれるようになったといえよう。

ちなみに、稲荷祭の祭礼地口銭の徴収は、室町幕府がおこなっていたことが知られているが、祇園会出銭についてはさだかではない。先の史料に「御雑色をもって前々も相触れられ停止」ということばがみられ、また、のちの「地ノ口米」のありかたなどからすれば、幕府がおこなっていた可能性も考えられる。もっとも、それを確定できる史料は残されていない。

史料にみられる祇園会出銭

いずれにしても、その実態についてはまだまだわからないことばかりというのが実状だが、ただ、最近になって、ごくわずかではあるものの、関連する史料が紹介されている。[17] つぎがそれである。

小樽《しょうたる》一つ　祇園会の時　徳介にこれを合力《ごうりき》す、
代百卅文
（中略）
六十文　町尻家役、但し山の綱引賃の支配なり、　祇園会出銭
この代上銭《うわぜに》十二文
（中略）
参百廿五文《にじゅうごもん》町尻の家役　祇園会出銭

この代上銭六十五文

これは、東京大学文学部が所蔵する『長福寺文書』に残された『慈済院納下帳《じさいいんのうげちょう》』にみえる記事である。わずかに三点、しかも断片的なものばかりではあるが、これまで、中世の祇園会出銭にかかわる史料として知られていたのが、先に引用した四条綾小路町人らの申状が唯一であったことを考えるなら、貴重なものといえる。

ただし、帳簿の名前にみえる「慈済院」という塔頭《たっちゅう》（子院《しいん》）は、長福寺内にはみられない。また、東京大学文学部が所蔵する『長福寺文書』には、長福寺以外の文書もまぎれこんでおり、⒅「慈済院」は、たとえば、天龍寺の塔頭として知られる慈済院であった可能性も考えられる。あるいは、帳簿のなかに慈済院の名もみえないので、別の寺院の帳簿であった可能性も残される。

帳簿自体に年紀は記されていないが、いくつかの記事のなかに、「天正四子年《ねのとし》」「天正六寅年《とらのとし》」「天正七卯正月廿七日」などとみえるため、天正四年（一五七六）から天正七年ころに記されたと考えられる。

したがって、史料自体は、天文年間からややさがって織田信長の時代のものとなる。それでも、ふたつめの記事をみてみると、「町尻家役」として「祇園会出銭」「六十文」が必要であったことがわかる。しかも、それが、「山の綱引賃《つなひきちん》の支配」と記されている点は興味深い。

ここにみえる「町尻」についてであるが、おそらくこれは町名であり、元亀《げんき》三年（一五七二）の年紀をもつ『上下京《かみしもぎょう》御膳方《ごぜんがた》御月《おんつき》賄《まかない》米寄帳《こめよせちょう》』（『禁裏《きんり》御《み》倉職《くらしき》立入《たてり》家《け》文書《もんじょ》』）にみえる下京の「五条坊門町尻」をあらわしているのだろう。すなわち、現在の岩戸《いわと》山《やま》町である。

問題となるのは、おのおのの記事の意味するところである。可能性としては、帳簿を記した寺院、たとえば、慈済院が「町尻」に家屋敷をもっており、そこへ課せられた負担を意味するか、あるいは、「六十文」の左横に「この代上銭十二文」という記載がみられ、また、ひとつめの記事にも、「小樽一つ祇園会の時　徳介にこれを合力す」ともみえることから、屋地子《やじし》（地子銭《ちしせん》）（土地の使用料）を負担する「徳介」のような住人がそこにおり、その一部を寺院側が「合力」（助成）していたとも考えられる。

ともかく、記事自体が断片的なこともあって検討の余地も少なくない。貴重な史料ではあるものの、今後の課題とせざるをえないというのが現状といえよう。

狂言『鬮罪人』と山の相談

戦国時代の祇園会の雰囲気を伝えるものとして、これまでにもしばしばとりあげられてきたものに『鬮罪人《くじざいにん》』(19)という狂言がある。

狂言という以上、あくまで文学作品であり、それをただちに史料としてあつかうわけにはゆかないが、それでも、そのことに十分注意をはらったうえでみてみると、いくつもの興味深い点に気がつく。そこで、本章の最後に、この『鬮罪人』を素材としながら、山鉾のにない手についてみてゆくことにしよう。

よく知られているように、狂言の冒頭は主人公の自己紹介からはじまる。『鬮罪人』の場合はつぎのようである。


これは洛中に住居《すまい》いたすものでござる。それがし、当年は祇園の会の頭《とう》に当たってござる。もはや祭も近々でござるによって、今日は、いずれもを申し入れ、山の相談をもいたそうと存ずる。


この部分だけでも注目しなければならない点があるが、そのことについてはあとでふれるとして、ここでも例によって、主人公である主人の従者太郎冠者《たろうかじゃ》がよびだされ、山の相談をするために関係者のもとへと「いずれもへ使いに」出される。

ただし、この太郎冠者、かなり目端のきく人物だったようで、「下《しも》の町の誰殿《だれどの》が近い」

ということで、近所の誰殿のもとをたずねる。

すると、「いずれも御左右《ごそう》が遅いとあって、それがしが方に寄り合うてござるほどに、おっつけそれへ同道しようぞ」というように、どうやら誰殿を含め関係者一同、気をもんでいたらしく、すでに寄り合いをしている最中、おっつけ、みなで主人の家へかけつけることになった。つまり、太郎冠者は、誰殿の家一軒をたずねただけで、用事をすませることができたわけである。

主人の家にあらためて寄り合った関係者一同、さっそく山の相談をはじめるが、慣例であったらしく、「御亭主」（主人）から、「山の思し召し」（山の風流をどのようなものにするかの案）が提案される。

わたくしも頭のことでござるによって、何も存じつかぬでもござらぬ。まずわたくしの存じまするは、山をこしらえまして、それへ瀧を落としまして、鯉の瀧上りをいたすところをいたしましょうと存じまするが、これは何とでござろう。

主人の案とは、登龍門の逸話として知られる鯉の瀧上りというもの、関係者一同は、これで決まりと賛同するが、太郎冠者ひとりがそれに対して異論をいだく。

とはいえ、従者の身でしゃしゃり出るのもはばかられる。しかしながら、「これはいかなること、これにきまるそうな。出ずばなるまい」と意を決し、口をひらくことにした。

これは毎年定まって出る町がござって、すなわちそれを鯉山《こいやま》の町と申しまする。これはなりますすまい。

この太郎冠者、どうやら祇園会の風流にも相当通じていた人物だったらしい。たしかに、毎年、鯉山を出す鯉山町があり、現在でも鯉山町では鯉山を出している。

そこで誰殿が、つぎの「山の思し召し」を提案する。それは、「牛若と弁慶の人形を出しいて、五条の橋の千人切りのところをいたそう」という謡曲で有名な橋弁慶《はしべんけい》を題材とした風流。ただし、この案も鯉山町と同様、現在も橋弁慶山町のあることでもわかるように、さだまった町のあることが太郎冠者によって指摘される。

となれば、これではどうかということで、さらにもうひとりが提案したのは、「大きな橋をかけまして、鷺の橋を渡いた、鵲の橋を渡いたと申して、囃子物をいたそうと存じまする」というものであった。

じつはこの風流こそ、かつて大舎人の鵲鉾として知られたものであったが、この案も太郎冠者によって、「これは去年、下の町から出ましたが、囃子物が揃わいで、洛中洛外の笑いものになりましてござる」と、応仁・文明の乱以前、大舎人と北畠散所という特定の集団がになっていた風流だけあって素人がチャレンジするのには無理があった。

鬮取り

結局、主人を含め関係者一同ではよい案が出ないということになり、このあと出された太郎冠者の案が採用されることになる。ただし、そこへゆくまでに、多少の紆余曲折があったことには注意しなければならない。

誰殿が、「あの太郎冠者は、つゝと物覚えのよいものでござるによって、なんぞ珍しい存じつきもござろうほどに、これへ呼んで問うてみせられい」と主人に意見したところ、「こなたもむざとしたことを仰せらるる。あの下々のものの申すことが、何の役に立つものでござる」とはねつけられているからである。

従者は山の相談に加われなかったことが、ここからうかがえるが、ここでは、それを無理にという誰殿の意見（「いかに下々じゃと申しても、よいことは、よいことにいたすがようござる」）に押されて、太郎冠者が提案をする。

そして、それが、「大きな山をこしらえ、またそれへ渺々《びょうびょう》といたいた河原をこしらえまして、それへいかにも弱々といたいた罪人を出し、またいかめな鬼を出《だ》いて、かの鬼が罪人を山へ責め上《のぼ》し、責め下すところをいたそうかと存じまする」というものであった。

この案に対しても主人は、「このめでたい祭礼に、なんと罪人が出さるるものでござるぞ。これはなりますまい」と否定的な意見をのべる。ところが、不思議なことに「いや、それは作り物でござるによって、少しも苦しうござらぬ」という誰殿の意見でうち消されてしまう。

こうして、風流の内容も決まり、つぎのだんどりとして「鼓《つづみ》の役」「笛の役」、鬼の役や罪人の役などをどのようにして分担するのかという話題に移る。

ところが、ここでも太郎冠者の進言、「それはいつも鬮《くじ》取りにいたしまする」にしたがい、鬮取りがおこなわれることになる。しかもその鬮を、誰殿の指示により、太郎冠者が「鬮をこしらえて持ちて出」ることになった。

ここでの鬮は四つ。主人を含めて山の相談に寄り合った二人のうち、二人が直接、鬮を取り、主人へは太郎冠者がもってゆくことになった。それでも、鬮はひとつあまる。そこで、それを誰殿が太郎冠者に取らせようとするが、主人はここでも「あれには取らせますまい」という。

寄合に参加できない従者には鬮を取る資格もなかったのであろう。ところが、ここで突然、太郎冠者は、「いつも頭屋《とうや》から警固が弐人ずつ出まする」という不思議なことをのべる。祇園の会の頭の家から警固役が二人出ることと鬮取りとの関係についてはさだかでないものの、結局これによって、太郎冠者も鬮を取ることになった。

その結果はといえば、罪人の役に主人が当たり、その罪人を山へ責め上げ、責め下す鬼の役に太郎冠者が当たった。そして、そのあとの稽古の場面で、鬼役の太郎冠者が罪人役の主人を「打擲《ちようちやく》」（なぐる）して、ひともんちゃくがおこり、これも例のごとく、「やるまいぞ、やるまいぞ」、「ゆるさせられい、ゆるさせられい」といったせりふをはきながら登場人物たちが舞台を去ってゆく。

祇園の会の頭

以上が、『鬮罪人』のあらすじとなる。まず全体をとおして、誰殿が異常なほどに太郎冠者の肩をもつ場面が多いことに気がつく。

逆からみれば、この誰殿がいなければ、太郎冠者の発言はひとつとしてとりあげられることはなかったわけだが、なぜ今回にかぎり、このようになったのかについてはわからない。あえて推測するなら、祇園の会の頭に当たりながら、「御左右が遅い」と、指示・連絡の遅れた、気のきかない主人へのあてつけといったところだろうか。

また、他町と同じ風流を出すことをさけようとすることで話は展開してゆくが、この点についても、実際の祇園会ではそれほどこだわっていたようにはみうけられない。『祇園会山鉾事』をみてみると、明応九年の再興分においてすら、「はうか山」（放下山《ほうか》）が二つ、「八幡山《はちまん》」も二つというように、同じ風流を出していた町が確認できるからである（一〇八～一〇九頁の表1参照）。

そして、この『鬮罪人』のなかでもっとも注目されるのが、冒頭から出てくる祇園の会の頭というものである。この祇園の会の頭、現在知られる史料のなかでは、『鬮罪人』をのぞいてみることはできない。

もっとも、狂言が多少なりとも現実に素材をとり、それをみる観客の視線を意識しているとするなら、この部分に偽りがあっては、演劇として成り立つことはなかったであろう。したがって、この祇園の会の頭（「頭屋」とも出てくる）は、ここまでみてきた史料には登場しないところに存在していたことになる。

それでは、その「頭」はどのようにして当てられたのであろうか。この点については、残念ながら手がかりがない。ただ、狂言のなかで主人が、「当年は、それがしが祇園の会の頭に当たったが、何とめでたいことではないか」といい、また、太郎冠者も関係者一同も異口同音に「当年は、こちの頼《たの》うだ人の祇園の会の頭に当たらせられてござる。このようなめでたいことはござらぬ」、「お頭《とう》、めでとうござる」といっている以上、それに当てられることが名誉であったことだけはまちがいないだろう。

そして、おそらくは、この祇園の会の頭に当てられる人びとだけが、山の相談の寄合に参加できたと考えられる。したがって、太郎冠者がいかに祇園会の風流に通じていたとしても、現実には、山の相談に参加できるはずもなく、それゆえ狂言としてのおもしろみもかもしだしていたのであろう。

頭屋と神事

このようにしてみたとき気にかかるのは、祇園の会の頭と、先にふれた祇園会出銭との関係についてである。祇園会出銭は、空き地にも懸けられたり、あるいは、「家役」とも記されていたように、少なくとも町内に土地や家を所有していた人びとは、あまねく負担しなければならない種類のものであった。

それに対して、祇園の会の頭に当てられたり、山の相談の寄合に参加できる資格は、頭や頭屋ということばからもうかがえるように、それとはやや趣を異にするものであったと思われる。おそらく六六町の月行事の選出のしかたとも別物だったのであろう。

じつは、このようなことに注意がむくのにもわけがある。というのも、江戸時代中期にいたるまで山鉾町では、町の財政である町入用《ちょうにゅうよう》と山鉾経営とが接点をもたなかったことがあきらかにされているからである。(20) 実際、町で作成され、保存されてきた史料のうち、江戸時代前期のものには山鉾関係のものを見いだすことはできない。これらのことを考えあわせるなら、戦国時代でも同様だった可能性は高いであろう。

先にもふれたように、戦国時代になって、山鉾のにない手と社会集団、共同体としての町とのあいだに接点がもたれるようになったことはまちがいない。しかしながら、それらがかならずしも一体化せず、微妙な距離をたもちながら、それでも山鉾をささえる関係として機能していた事実がここからはうかびあがってくる。

それはつまり、祇園の会の頭に当てられ、山の相談の寄合に参加できる資格を有する人びとを中核としつつ、祇園会出銭を負担する町内の人びとがそれをささえるかたちが、戦国時代の山鉾をになう人びとのありかただったのではないだろうか。

そして、おそらくはその中核となる祇園の会の頭に当てられるような人びとによるネットワークが、山鉾巡行全体をささえる働きもになっていたにちがいない。このように頭や頭屋ということばに注目するなら、山鉾巡行もまた、戦国時代には彼らにとって「神事」になっていたと考えなければならないであろう。

注

（1）高橋康夫『京都中世都市史研究』（思文閣出版、一九八三年）。
（2）河内将芳『祇園祭の中世――室町・戦国期を中心に』（思文閣出版、二〇一二年）。
（3）丹生谷哲一『〔増補〕検非違使――中世のけがれと権力』（平凡社ライブラリー、二〇〇八年）。
（4）三枝暁子『比叡山と室町幕府――寺社と武家の京都支配』（東京大学出版会、二〇一一年）。
（5）神子については、脇田晴子「中世祇園社の「神子」について」（『京都市歴史資料館紀要』一〇号、一九九二年）、河内将芳「祇園少将井御旅所と神子」（『職能民へのまなざし』世界人権問題研究センター、二〇一五年）、下坂守「絵画史料に見る祇園社の神子――描かれた片羽屋と片羽屋神子」（『日本文学』六六巻七号、二〇一七年）、堀岡喜美子「中世祇園社片羽屋神子の在立に関する一考察――組織と特性から」（『佛教大学大学院紀要　文学研究科篇』四五号、二〇一七年）参照。
（6）丹生谷哲一『身分・差別と中世社会』（塙書房、二〇〇五年）。
（7）注（2）前掲、河内『祇園祭の中世』参照。
（8）山路興造『京都　芸能と民俗の文化史』（思文閣出版、二〇〇九年）。
（9）注（8）前掲、山路氏『京都　芸能と民俗の文化史』参照。
（10）植木行宣『山・鉾・屋台の祭り――風流の開花』（白水社、二〇〇一年）。
（11）注（8）前掲、山路氏『京都　芸能と民俗の文化史』参照。
（12）源城政好『京都文化の伝播と地域社会』（思文閣出版、二〇〇六年）。

(13) 近年の研究（仁木宏『空間・公・共同体――中世都市から近世都市へ』青木書店、一九九七年、同『京都の都市共同体と権力』思文閣出版、二〇一〇年に代表される）によって、社会集団、共同体としての町の成立は、天文年間初頭（一五三〇年代前半）であることがあきらかにされているが、それとも符合しよう。

(14) この史料を最初にとりあげたのは、川嶋將生氏である。その論考は、同『中世京都文化の周縁』（思文閣出版、一九九二年）におさめられている。また、注(13)前掲、仁木氏『空間・公・共同体』でも詳細に検討が加えられている。

(15) 『雑色要録』（『日本庶民生活史料集成　第二五巻　部落（二）』三一書房、一九八〇年）。

(16) 馬田綾子「稲荷祭礼役をめぐって」（『梅花女子大学開学十五周年記念論文集』一九八〇年）。

(17) 二〇〇五年九月三・四日に花園大学でおこなわれた中世都市研究会京都大会において、桜井英治氏が、東京大学文学部所蔵「長福寺文書」に残される『慈済院納下帳』（石井進編『長福寺文書の研究』山川出版社、一九九二年）のなかに、この「祇園会出銭」の記事があることを紹介された。

(18) 本郷恵子「長福寺文書の概要――解題にかえて」（注(17)前掲『長福寺文書の研究』所収）。

(19) ここでは、笹野堅校訂『能狂言　大蔵虎寛本』中（岩波文庫、一九四三年）を使用した。狂言『鬮罪人』については、網本尚子「狂言『鬮罪人』研究」（『人間文化研究年報』一七号、一九九四年）、稲田秀雄「狂言に見る祇園会風流――「鬮罪人」を中心に」（『芸能史研究』

二一八号、二〇一七年）参照。

(20) 富井康夫「祇園祭の経済基盤」（同志社大学人文科学研究所編『京都社会史研究』法律文化社、一九七一年）。

おわりに

　以上、本書では、紙芝居「祇園祭」を出発点としてかたちづくられてきた戦国時代の祇園祭に対する「権力に抵抗する民衆の祭礼」というイメージと、その実態とのあいだにどのような違いがあり、問題点があるのかについてみてきた。

　それらをあらためてまとめることはしないが、それらをふまえて、なお気にかかっている点にふれておわりにしたいと思う。

「神役」「所役」

　その気にかかっている点とは、ほかでもない、先に山鉾のにない手のところでみた『新《しん》札往来《さつおうらい》』『尺素往来《せきそおうらい》』に記される「在地々神役《しんやく》」「在地の所役《しょやく》」ということばである。このうち、「在地」ということばが、「下辺《しもわたり》」や「下京《しもぎょう》」と同じような意味と考えられることはすでにふれたとおりだが、問題は「神役」「所役」のほうである。

明応《めいおう》九年（一五〇〇）の再興後、大舎人《おおとねり》が鵲鉾《かささぎほこ》を出さないことに対して幕府が、「その役にしたがわざる」とのべていたように、また、天文《てんぶん》一八年（一五四九）に四条綾小路《しじょうあやのこうじ》町人らに訴えられた竹山次郎三郎の反論（『賦政所方《くばりまんどころかた》』）のなかにも、「買徳分《ばいとくぶん》としては、裏地《うらち》最《さい》少分《しょうぶん》の儀たるの条、さらに諸役の煩《わずら》いにおよぶべからざる」（買い取った土地は、家の裏地のごく少分なので、「諸役」の支障などにはならないはずだ）とみえるように、いずれにも「役」ということばが見いだされるからである。

後者の「諸役」が「所役」と同じものであったかどうかはわからないが、この場合の「役」とは、祇園会出銭《ぎおんえしゅっせん》に直結するものであるから、祇園会出銭は「役」と認識されていたと考えられる。

同様に、大舎人が鵲鉾を出さないことも「役」にしたがわないとされており、これらのことから、山鉾など風流《ふりゅう》を出し、巡行させることは「役」＝課役でもあったことがうきぼりになってこよう。[1]

すでにふれたように、山鉾など風流は、これまで疫病をおこす疫神《えきしん》や御霊《ごりょう》を遷却《せんきゃく》（なぐさめて送りだす）するため、人びとが自律的に成立させたものと説明されてきた。もちろん、その説明自体はあやまりではないだろうが、しかしながら、もしそれだけの目的だったなら、祇園会の山鉾巡行も、かならずしも神輿渡御《みこしとぎょ》の式日とリンクする必要はなかったように思われる。

実際、応仁・文明の乱の最中のことであるが、幕府軍が立てこもる「御構《おんかまえ》」(2)のなかでは、文明三年（一四七一）閏八月に「赤疹《せきしん》」（「ハシカ」とも）（『宗賢卿記《むねかたきょうき》』閏八月七日条）や「疱《ほう》瘡《そう》」（『親長卿記《ちかながきょうき》』文明三年閏八月六日条）などの病がはやりだしたため、「赤疹を送ると号して」「構中《かまえちゅう》の地下人《じげにん》ら」による「風流の囃物《はやしもの》・作山《つくりやま》など」が「路頭《ろとう》を渡った」と伝えられている。

しかも、それらを「武将・管領《かんれい》以下諸大名ことごとく見物」し、そのようすは、「祇園会三条・四条の桟敷《さじき》のごとし」（『宗賢卿記』閏八月七日条）とされていることからも、風流は本来、疫神や御霊の動きに対応して出されてこそ、もっとも効果を発揮することになったのであろう。

「所役」と名誉

それではなぜ、祇園会の山鉾巡行は、神輿渡御の式日とリンクするようになったのだろうか。残念ながら、この基本中の基本というべき問いに答えるための材料は残されていない。ただ、そのようななかでも手がかりとなるのは、ここでもまた、『新札往来』『尺素往来』の両方にみえる、「もっとも神慮《しんりょ》にかないそうろうや」「さだめて神慮にかなうか」ということばである。

『新札往来』『尺素往来』ともに、その冒頭には、「祇園の御霊会《ごりょうえ》」「祇園御霊会」とあり、「神慮」の「神」は祇園の神をおいてほかに考えられないからである。したがって、祇園会の山鉾は、疫神遷却のための風流という要素をもちつつも、同時に、祇園の神に対する「神役」としても存在していたことになろう。

その意味では、「所役」はまさに「神役」でもあったわけだが、本書でみてきたように、室町・戦国時代の祇園会が、祇園社との関係だけではなく、延暦寺大衆《えんりゃくじだいしゅ》や室町幕府など、さまざまな勢力との諸関係のうえに成り立っていたことを思いかえしたとき、「神役」は祇園の神に対する「役」から、時と場合により延暦寺大衆や幕府に対する「所役」へと転化してゆくことは十分ありえたと考えられる。

もしそうでなければ、延暦寺大衆が「風流等のこと、抑留《よくりゅう》すべし」といったり、また、幕府が、鵲鉾を出さなくなった大舎人や山鉾をととのえがたいとのべた「祇園会敷地《しきじ》々下《じげ》人《にん》中」に対して、「失墜分《しっついぶん》」「失墜料」などを祇園社におさめるよう命じたりすることもなかったにちがいない。

もっとも、そうなれば、山鉾のにない手にとっては、幾重もの「役」をになわされることになり、当然それらをさけようとするようにも思われる。ところが、そこが一般の課役と異なる点であり、山鉾巡行は祭礼と接点をもつと同時に、疫神遷却のための民俗行事でもあったため、それを回避することにはならなかった。むしろ、それをになうことに名誉すら感じるものとなっていたのである。

それを裏づけるように、狂言『鬮罪人《くじざいにん》』のなかで、主人は「当年は、それがしが祇園会の頭《とう》に当たったが、何とめでたいことではないか」といい、また、四条綾小路町人らも、空き地にまで懸けられる祇園会出銭という課役を避けようとするそぶりさえみせていなかった。

つまり、「所役」と名誉という、一見すると相反するようなふたつの要素をもっていたがため祇園会の山鉾巡行は、式日が迷走する困難な時代にあっても、あるときには幕府の意向によって、またあるときには、そのにない手たちの意志によってつづけられることになったと考えられるのである。

祇園会と「町衆」と「町」

このようにしてみたとき、祇園会について歴史的な関心や知識をもっている読者のなかには、本書でみてきた山鉾のにない手といわゆる「町衆《まちしゅう》」との関係はどのようなものだったのか、という問いをもつ人もいるかもしれない。

しかしながら、ここまでみてきたことからもわかるように、紙芝居や映画などをのぞけば、祇園会にかかわる当時の史料には、「町人」や「地下人」ということばはみられても、「町衆」ということばがみられないことに気がつく。つまり、少なくとも史料のうえでは、室町・戦国時代の祇園会と「町衆」とのあいだに関係を見いだすことはできないのである。

もともと「町衆」ということばは、学術的な概念や用語であり、林屋辰三郎《はやしやたつさぶろう》氏が、論文「町衆の成立」(『思想』三一二号、一九五〇年)のなかでつかいはじめて、それをきっかけにして広まったものである。

もっとも、現代の目からすればその内容は、概念や用語としてもかなりあいまいなものであり、また、のちに林屋氏自身が、「町衆」論をまとめた新書『町衆』(中公新書、一九六四年)の副題に「京都における「市民」形成史」とつけたことからもうかがえるように、一九五〇年代から六〇年代という時代の産物であったと理解したほうがよいだろう。

実際、そのことを裏づけるように、「町」ということばは、社会集団、共同体を意味する場合、当時の史料でもすべて「ちやう」(ちょう)と読まれている。このことだけでも、「ちょうしゅう」は存在しても、「まちしゅう」は存在しないともいえる。したがって、存在しない「まちしゅう」=「町衆」と祇園会との関係を史料にもとづいて説明すること自体、無理な話といわざるをえないのである。

ところで、社会集団、共同体を意味する「町」を「ちょう」と読むことが確認された一九八〇年代以降、その「町」の実態をさぐる研究が飛躍的に進展した。ところが、そこでも、ひとつの壁にぶつかることになる。

「町」の構成員である町人と町人との関係は、フラット（平準）であったのか、そうではなかったのかという点について議論が分かれることになったからである。たとえば、本書でみてきたことがらにそくしていえば、祇園会出銭を町人たちはひとしく負担をしていたようにみえるいっぽう、狂言『鬮罪人』によるかぎり、町人すべてが「祇園会の頭」に当たるようにはみてとれないようにである。

しかしながら、著者自身は、そのようなフラットであったのかどうかという、いわば二分法的なものの見方自体に問題があるのではないかと考えている。冷静に考えてみればわかるように、およそ人間集団や組織で、完全にフラットな関係で成り立っているものを想定することはむずかしい。また、現実の「町」においても、経済的な格差や政治的な格差、あるいは多種多様な違いはあったにちがいない。

しかしながら、そのような格差や違いがあることとその集団や組織が機能するのかどうかといった問題は、別物であろう。むしろ、さまざまな格差や違いが有機的にからみあってこそ、その集団や組織はいきいきと機能するといえるのではないだろうか。

本書でみてきたように、祇園会や山鉾に対して、町人やにない手たちがときにみせる複雑な動きもまた、そのことをふまえてはじめて理解できるものであり、紙芝居や映画などが描いたように、権力に抵抗させるために人びとを一枚岩にみせたり、あるいはその裏返しとして、格差を強調する必要は実際にはなかったのである。

権力と民衆、あるいは、神事と山鉾といったように、ものごとをふたつに分けて、それらがあたかも二項対立的に存在すると思いこんでしまった瞬間、みえなくなったものがあったのではないか。紙芝居「祇園祭」を出発点としてかたちづくられてきた、戦国時代の祇園祭に対するイメージに接して以来、いだきつづけてきた、そのような違和感を史料にそくして説明してみるとどのようになるのか。本書は、そのような問いかけに対するささやかなこころみのひとつである。

戦国時代の後

さて、延暦寺焼き討ちからおよそ二年たった元亀《げんき》四年（天正《てんしょう》元年、一五七三）、将軍足利義昭《よしあき》が織田信長によって京都を追われる。いわゆる室町幕府の崩壊であるが、その後、信長と祇園会とのあいだにどのような関係がもたれていたのかという点については、思いのほかわかっていない。

実際、天正六年（一五七八）六月一四日に信長が祇園会を見物に来たこと（『兼見卿記《かねみきようき》』同日条）や天正一〇年六月二日に本能寺の変がおこったためであろう、その年の九月一四日・二一日に祇園会が追行された（『言経卿記《ときつねきようき》』同年九月一四日・二一日条）ことぐらいしか知られていないからである。

しかも、信長自身、さほど祇園会を見物することに関心をもっていなかったようであり、天正六年の見物のときも、「祭御見物の後、御伴衆《おともしゆう》御帰しなされ、御小姓衆《おこしようしゆう》十人ばかりにてすぐに御鷹野《おんたかの》へお出で」（『信長公記《しんちようこうき》』巻一一）と、早々にきりあげ、小姓たちをつれて鷹狩りに出かけてしまっている。

このような傾向は豊臣秀吉も同様で、今のところ、秀吉が祇園会を見物したことを確認できる史料は残されていない。権門体制《けんもんたいせい》や王法仏法相依《おうほうぶつぽうそうい》という、世俗権力と寺社とのあいだできずかれてきた中世的な関係がくずれ去ってしまったあとでは、室町将軍と信長や秀吉ら天下人とのあいだには、祇園会に対して相当の温度差があったように思われる。

そして、このこととも関係するのであろう、秀吉の時代に祇園会は大きな変化を余儀なくされる。たとえば、そのひとつが、寄町《よりちよう》の成立であるが、それ以上に大きかったのは、大政所御旅所《おおまんどころおたびしよ》と少将井《しようしようい》御旅所がともに移動させられて、現在の四条京極《きようごく》（四条寺町）の地に統合されてしまったことであろう。もっとも、なぜその地が四条京極だったのか、あるいは、どのような経緯をへてその地におさまったのかなどについてはほとんどわかっていない。

ただ、そのようななかでもあきらかなのは、この御旅所統合と並行して、秀吉によって建設された、京都全体を巨大な土塁と堀でとり囲む御土居《おどい》（御土居堀）[3]が、鴨川の河原と四条通を遮断してしまった事実であろう。

ときの祇園執行《しぎょう》が、天正一九年（一五九一）二月にしたためた書状（『祇園社記』二三）のなかで「今度御普請《ごふしん》について、四条通の祇園口ふさがせらるべきのよし、仰《おお》せ出《い》だされたため、「祇園の神輿の神幸《しんこう》の道もな」くなったとなげいているからである。

結局のところ、慶長《けいちょう》六年（一六〇一）になって、「四条通の道を御あけなさせられ」（『祇園社記』二三）たようだが、このおよそ一〇年間、三基の神輿は、祇園社から四条京極御旅所へは四条通を通っての神幸も還幸《かんこう》もできなかったことになる。神輿渡御の都合よりも、御土居の維持が優先されたことはあきらかといえよう。

それではその間、神輿はどの道を通っていたのかといえば、四条通からみて北にある三条通か、あるいは南にある五条通（中世の六条坊門小路《ろくじょうぼうもんこうじ》）であったと考えられる。実際、江戸時代の延宝《えんぽう》五年（一六七七）には、鴨川が洪水になり、神輿が渡る浮橋が落ちたため、「大和《やまと》海道《かいどう》より三条通を御旅所へ」神幸し、また、「三条橋落ちそうろうにより、五条の橋より」還幸したことが知られている（『祇園社記』雑纂《ざっさん》一二）。

このように、戦国時代が終わった後も祇園会はさらに大きな変化をとげてゆくことになるが、そのくわしい点については、まだまだわからないことが多い(4)。機会をあらためて、また考えてみたいと思う。

注

（1）山鉾巡行が、課役の側面ももっていた点については、すでに下坂守氏（同「室町・戦国時代の祇園祭——延暦寺と幕府との関係を中心に」『加能史料　会報』一五号、二〇〇四年）の指摘がある。

（2）御構については、下坂守「古都炎上——応仁の大乱」（佐藤和彦・下坂守編『図説京都ルネサンス』河出書房新社、一九九四年）、同『中世寺院社会と民衆——衆徒と馬借・神人・河原者』（思文閣出版、二〇一四年）にくわしい。

（3）中村武生『御土居堀ものがたり』（京都新聞出版センター、二〇〇五年）。

（4）江戸時代の祇園会については、川嶋將生『祇園祭——祝祭の京都』（吉川弘文館、二〇一〇年）参照。

関連略年表（本書にかかわる事項を中心に）

	和暦	西暦	本書に直接かかわる事項	一般的な事項
平安	天延二年	九七四	この年、大政所御旅所が成立、助正が御旅所神主となり、祇園御霊会がはじめておこなわれたと伝わる	
	保延二年	一一三六	この年、少将井御旅所が成立したと伝わる	
	保元二年	一一五七	六月、洛中の富家に馬上役が差定される	
鎌倉	弘安元年（建治四年）	一二七八	これより前、今宮神人が確認できる	
	元亨三年	一三二三	この年、馬上役が停止される	
	元弘三年	一三三三	これより前、今宮供御人が内蔵寮へ蛤を献上する	五月、鎌倉幕府が滅亡する
南北朝	貞和元年（康永四年）	一三四五	六月、山、定鉾の史料上の初見	
	文和元年	一三五二	これより前、今宮駕輿丁が祇園社へ参る	
	文和二年	一三五三	これより前、犬神人が神輿渡御に供奉したことが確認できる	
	応安三年	一三七〇	六月、神輿渡御がおこなわれないなか京中鉾が巡行する	
	永和二年	一三七六	六月、三条東洞院において高大鉾が顚倒する	
	永和四年	一三七八	六月、足利義満が観世の猿楽法師の子（のちの世阿弥）と祇園会を見物する	三月、足利義満が室町殿に移徙する
室町	応永四年	一三九七	このころ以降、祇園会にかかわる馬上一衆・合力神人制が確認される	
	永享八年	一四三六	六月、北畠笠鷺鉾・大舎人鉾が伏見殿・内裏へ推参することがはじめて確認される	
	永享一一年	一四三九	馬長がこのころにはすがたを消す	

	嘉吉元年	一四四一		六月、嘉吉の乱、九月、嘉吉の徳政一揆がおこる
	嘉吉三年	一四四三	六月より前、少将井御旅所神主職をめぐり禅住坊と祇園執行との相論がおこる	
	宝徳元年（文安六年）	一四四九	一二月、このときの追行以降、神輿渡御の延引に山鉾巡行も連動し、式日の混乱がはじまる	四月、足利義政が将軍に任官する
	宝徳二年	一四五〇	神輿が浮橋を渡るゆえんが記される	
戦国	応仁元年（文正二年）	一四六七	正月、応仁・文明の乱がおこり、祇園会も以後三三年間中断する	
	文明三年	一四七一	閏八月、東軍御構のなかで赤疹や疱瘡が流行、地下人らが風流を渡す	
	明応二年	一四九三		四月、明応の政変がおこる
	明応三年	一四九四	八月、祇園の神の神勅がくだる	七月、中京火事がおこる
	明応五年	一四九六	この年、幕府による祇園会再興の動きがはじまる	
	明応九年	一五〇〇	六月、三三年ぶりに祇園会が再興される これ以降、大舎人に対して神役にしたがうよう幕府が命じつづける（永正四年まで）	
	文亀元年（明応一〇年）	一五〇一	五月、少将井駒頭をめぐる相論がはじまる（永正一八年まで）	
	文亀二年	一五〇二	六月、大宮駕輿丁今宮神人が魚物商売にかかわり訴訟をおこす	
	永正三年	一五〇六	六月、山王祭・祇園会神輿渡御がおこなわれないなか、山鉾巡行のみがおこなわれる	
	永正四年	一五〇七	これ以降に『祇園会山鉾事』が成立したと考えられる	六月、細川政元が暗殺される

戦国	永正五年	一五〇八		六月、足利義稙が大内義興と入京する
	永正九年	一五一二	前年の祭礼が追行され、はじめて一年のうちに二度（五月、六月）、祇園会がおこなわれる	
	永正一二年	一五一五	祇園会が二度（六月、七月）おこなわれる	
	永正一三年	一五一六	一二月、今宮四座商売物にかかわる定書が出される	
	大永二年	一五二二	祇園会が二度（六月七・一四日、六月二七日）おこなわれ、二度目を足利義晴が見物する	
	天文元年（享禄五年）	一五三二		八月、法華一揆ら、山科本願寺を攻撃する
	天文二年	一五三三	六月、「神事これなくとも、山ホコ渡したき」とのことばが史料に記録される 八月、祇園会が追行される	
	天文五年	一五三六		七月、天文法華の乱により下京が焼亡する
	天文七年	一五三八	一二月、山鉾巡行がおこなわれる	
	天文一三年	一五四四	一二月、犀鉾神人が鳥三座と相論となる	
	天文一八年	一五四九	四月、四条綾小路町人らが申状を幕府へ提出、祇園会出銭が確認される	
	永禄七年	一五六四	一二月、今宮神人による魚物商売が祇園会両日四日のあいだ認められる	
	元亀二年	一五七一	一二月、祇園会が追行されるも、これ以降、式日の混乱がなくなる	九月、延暦寺・日吉社が焼き討ちされる
	天正六年	一五七八	六月、織田信長が祇園会を見物する	
	天正一九年	一五九一	この年、御旅所が四条京極に統合され、御土居により四条の	正月、御土居（御土居堀）の

神幸路がふさがれる

建設がはじまる

現代			
昭和二六年	一九五一		九月、サンフランシスコ平和条約・日米安全保障条約が調印される
昭和二七年	一九五二	五月、歴史学研究会のレクリエーションとして紙芝居「祇園祭」が披露される	
昭和二八年	一九五三	七月、『祇園祭』（東京大学出版会）と『中世文化の基調』（東京大学出版会）が刊行される	
昭和三一年	一九五六	七月、山鉾巡行が寺町通を北上したのちに御池通を西にすすむようになる	
昭和三六年	一九六一	三月、小説『祇園祭』（中央公論社）が刊行される 七月、山鉾巡行の道筋が寺町通から河原町通に変更される	
昭和四一年	一九六六	七月、前祭と後祭が一七日に合同でおこなわれる	この年、景気上昇（いざなぎ景気）
昭和四三年	一九六八	一一月、映画『祇園祭』が封切られる	
平成二六年	二〇一四	七月、ふたたび前祭が一七日に、後祭が二四日におこなわれ、再興された大船鉾が巡行に加わる	
令和四年	二〇二二	七月、鷹山が再興され、巡行に加わる（予定）	

図版出典一覧

図序－1　河内将芳『絵画史料が語る祇園祭――戦国期祇園祭礼の様相』（淡交社、二〇一五年）所収の図4を加筆修正
図序－2　京都市歴史資料館提供
図1－1　『祇園祭』（東京大学出版会、一九五三年）表紙（河内将芳所蔵）
図1－2　紙芝居「祇園祭」（河内将芳所蔵）
図1－3、図1－4　映画『祇園祭』公式パンフレット（日本映画復興協会、一九六八年）表紙、挿図より（河内将芳所蔵）
図2－1　八坂神社HP内ギャラリーより
図2－2　河内将芳撮影
図2－3　京都市立芸術大学芸術資料館HPより
図2－4　知恩院所蔵、『続日本絵巻大成2　法然上人絵伝　中』（中央公論社、一九八一年）より
図2－5　米沢市上杉博物館提供
図3－1　河内将芳撮影
図3－2　天台宗総本山比叡山延暦寺HP内ギャラリー（フリー素材写真）より
図3－3　河内将芳作成

図3－4　鹿苑寺所蔵、相国寺承天閣美術館提供
図3－5　大日本古記録『二水記』二より
図3－6　河内将芳『中世京都の都市と宗教』（思文閣出版、二〇〇六年）より作図
図4－1　米沢市上杉博物館提供
図4－2　光円寺所蔵、泉万里『扇のなかの中世都市――光円寺所蔵「月次風俗図扇面流し屏風」』（大阪大学総合学術博物館叢書1、大阪大学出版会、二〇〇六年）より
図4－3　河内将芳撮影
図5－1　河内将芳『中世京都の都市と宗教』（思文閣出版、二〇〇六年）より作図
図5－2、図5－3　米沢市上杉博物館提供
図5－4　Image:TNM Image Archive
図5－5　河内将芳撮影
図5－6　国立博物館所蔵品統合検索システム（https://colbase.nich.go.jp/collection_items/tnm/A-2425?locale=ja）より
図5－7　米沢市上杉博物館提供

あとがき

去年（二〇〇六年）、おととしとたまたま山鉾巡行の日（七月一七日）の前日である宵山をおとずれる機会を得て、おどろいたことは、ここ数年で夜店や露店の数がたいへん多くなったことである。

おぼろげな記憶でも、夜店や露店のあまり出ていなかった烏丸通《からすまどおり》にもテントがびっしりと立ち並んでいた光景には正直圧倒された。それだけ多くの観光客がおとずれているという意味では、それはそれでよいことなのだろうが、山や鉾をじっくりと見物する暇があるのだろうかと余計な心配もしてしまうほどであった。

ところで、この宵山、戦国時代の祇園祭にもあったのかといえば、史料では見いだすことができない。もっとも、戦国時代の下京《しもぎょう》の各町には、その出入り口に治安維持のため、釘貫《くぎぬき》（針貫《はりぬき》）とよばれた木戸門があったことが洛中洛外図屏風《らくちゅうらくがいずびょうぶ》などでも確認されるので、夜間の往来自体がむずかしく、宵山どころではなかったであろう。

このように、戦国時代の祇園祭にかぎってても、まだまだ考えてみなければならない問題は山とある。今後も、少しずつあきらかにすることができればと思うが、少しでもあきらかになればなるほど、現在の祇園祭との違いもきわだってくる。

しかしながら、冷静に考えてみればわかるように、祇園祭とひとくちにいっても、時代時代によって、そのすがた、ようすが異なっているのはあたりまえであり、それらを変わらぬもののように思ってしまったところにも戦国時代の祇園祭に対するイメージがかたちづくられてしまった源があるのかもしれない。

なにがうけ継がれ、そして、失われてしまったのか、それらを時代の状況にそくして、少しでもあきらかにできればと思い、あらわしたのが本書である。脇田晴子氏の『中世京都と祇園祭——疫神と都市の生活』（中公新書、一九九九年、のちに吉川弘文館、二〇〇六年）や植木行宣氏・中田昭氏共著の『祇園祭』（保育社、一九九六年）をはじめとして、歴史学・民俗学から祇園祭を論じた書物には簡にして要を得た名著が多い。そのようななか、本書があえて戦国という時代をかぎってみたのもそのためであった。

もっとも、その成否については、読者のご批判をあおぐほかはない。多くの人びとの目にふれ、そして、少しでも長い時間の審判にさらされることがゆるされればさいわいに思う。

ところで、林屋辰三郎《はやしやたつさぶろう》氏が、鶴見俊輔《つるみしゅんすけ》氏との対談（「語りつぐ戦後京都」『語りつぐ戦後史Ⅱ』思想の科学社、一九六九年、のちに『聚楽《じゅらく》の夜咄《よばなし》 林屋辰三郎対談集』淡交社、一九九四年）のなかで、紙芝居「祇園祭」にかかわって、つぎのような発言をしていたことがあとでわかった。

その紙芝居をつくった元凶のひとりに私は目されているわけですけれども、「祇園祭」の紙芝居にも、中心の素材みたいなものを提供したのはたしかです。（中略）祇園祭をつくり出してきた民衆のエネルギーを、このときにこそ国民のあいだから湧き起こさなきゃならぬとまじめに考えていたことは、これは確かです。

ここからは、なるほど、林屋氏の論集『中世文化の基調』と『祇園祭』とが、同じ出版社から同じ奥付けで刊行されたことの意味がうかがえるように思われる。ただ、そのいっぽうで、小説と映画に関しては、「私はあれにには全然関係ありません」と発言したうえで、つぎのようなことばも残されている。

あのままで映画化されるとすると、ずいぶん虚構性の強いものになりますね。ですから、もう少し歴史性のあるものでないとね。紙芝居でも、ずいぶんフィクションがあるわけですけれども、小説のほうはもっと強くなっていますね。

紙芝居の段階でもすでにフィクションが加えられていたのが、小説・映画によってさらにイメージが増幅されてゆくことに、林屋氏自身も大きな危惧をいだいていたことがうかがえる。もはや、イメージそのものは、林屋氏の手のとどかないところでひとり歩きしていたというのが実際だったのだろう。

現代においても、日々、小説・映画・テレビドラマなどのかたちでさまざまな歴史的な事象がイメージ化されつづけている。少しでも専門的に歴史を学んだものは、とかくそれらに対して冷ややかな視線をむけてしまいがちであるが、そのような視線をむけてしまうこと自体がもっとも熱心な読者・観客・視聴者であることを示しているように思われる。となれば、むしろそのようなイメージに対して、どのようにむかいあわなければならないのかということは常に考えておく必要があろう。

その意味において、戦後まもない一九五〇年代の初頭、林屋氏や紙芝居「祇園祭」を製作した研究者集団が直面していた問題は、けっして過去のできごとや対岸の火事としてかたづけられるものではない。歴史を学ぶものにとっては共通の課題といえよう。

最後に、本書をなすにあたって、多くの方がたにお世話になった。そのおひとりおひとりのお名前をあげるわけにはゆかないが、本書が刊行されるきっかけをいただいた神津朝夫先生と角川学芸出版の大蔵敏氏のお名前だけは記さないわけにはゆかないだろう。神津先生には、前任の大学以来、公私ともにお世話になっているばかりか、今回、大蔵敏氏をご紹介いただいた。また、大蔵氏には、熟達した編集者の立場から、かけだしの著者が書いたものに対して的確な指摘を数多く頂戴した。ここにあらためて御礼申しあげたいと思う。

河内将芳

二〇〇七年六月吉日

文庫版あとがき

本書は、二〇〇七年に角川学芸出版より刊行された角川叢書『祇園祭と戦国京都』を文庫化したものである。

二〇〇七年より二〇二一年という長いようで短い年月のなか、祇園祭も前祭と後祭の復活をはじめとしたさまざまな変化をとげてきた。今回、そのようなことをうけ、二〇二一年に刊行される書物として読むに耐えうるための修正と加筆をおこなったが、内容については、角川叢書のときとかわることはない。

ただし、角川叢書のときには紙幅の都合などで入れることのできなかった表や図を今回は入れることにし、少しでも内容の理解につとめることにした。書名に改訂ということばを付した理由である。

なお、本書でも絵画史料を参照することがあったが、カラー写真を数多く掲載した『絵画史料が語る祇園祭——戦国期祇園祭礼の様相』（淡交社、二〇一五年）もあわせて参照していただければさいわいに思う。

さて、二〇二〇年の祇園祭では、新型コロナウイルスの流行により、神輿渡御《みこしとぎょ》はそれまでのかたちではなく、榊《さかき》を神輿にかえ、神馬《しんめ》とともに渡御することになった。史上はじめてのことである。それをおこなうにあたり、角川叢書『祇園祭と戦国京都』を参考にしていただいたとお聞きしたときには、たいへん光栄に感じると同時に身のひきしまる思いをした。いっぽう、山鉾巡行も山や鉾ではなく、山町・鉾町の人びとが榊を手にして巡行するというかたちになった。こちらも前例のないものである。

このように、それまで慣れ親しんできた祭礼のすがたをみることができないという点では、応仁・文明の乱後、三三年間にわたって祇園祭が中止においこまれた時代を追体験したような思いにとらわれた。

また、知識として知っていたり、頭のなかでは理解していたつもりであった疫病の蔓延が日々の暮らしを、そして、社会をいかに深刻におびやかすものであるのかを身にしみて体感することにもなった。

科学が未発達な時代であれば、それこそ盛大に風流《ふりゅう》をかざりつけ疫神遷却《えきしんせんきゃく》したのであろうが、科学が進歩した現代では、逆に疫病がどのようにして広がっていくのかを知ってしまったために神輿渡御も山鉾巡行もそれまでとは同じようにおこなえないというジレンマを目のあたりすることになっている。

もっとも、祭礼をそれまでと同じようにおこなえない、目にすることができないという喪失感や不在感は、人びとに祭礼がおこなわれつづけてきた意味について考える機会をもたらしているように思われる。

疫病は、波のように人びとをおそっては引いていき、また、忘れたころにやって来る。その波のくり返しのなかで日々を過ごしていかなければならないことを経験してからというもの、ともすれば、そのわずらわしさをひとときでも忘れてしまいたい、あるいは実際に忘れてしまうという人の習いを目のあたりにすることにもなったように思う。

しかしながら、本当に忘れてしまっては同じことをくりかえしてしまいかねない。それを避けんがため先人たちが、あえて華やかな、あざやかな祭礼というかたちで記憶をうけつごうとしてきたのが祇園祭ではなかったのかと思うようにもなった。

戦国時代、式日の混乱に代表される困難をかかえながらも祇園祭がつづけられてきた原動力の底には、世俗権力や宗教勢力に抵抗する側面よりむしろ、くりかえしやってくる疫病の波に対応し、乗りこえていく叡智がながれていたのかもしれない。

もっとも、そのことを史料で説明していかなければ、歴史学徒としては不十分といわざるをえない。これまで以上に史料を丹念に読み解きながら、今後もこの問題について考えていきたいと思う。

宗教法人八坂神社では森壽雄宮司を編纂委員長として八坂神社文書編纂委員会が組織され、二〇一四年以降に『新編　八坂神社文書』第一部・第二部、『新編　八坂神社記録』が刊行されてきた。著者もその末席に加わらせていただきながら、下坂守先生・川嶋將生先生・源城政好先生をはじめとした諸先生方よりさまざまなお教えをいただくという幸せな時間を過ごしている。本書がそのご恩返しに少しでもなるのかどうか、こころもとないかぎりではあるが、ひきつづき微力をつくしていければと切に願う。

最後に、今回もまた『戦国仏教と京都』『室町時代の祇園祭』『信長が見た戦国京都』(文庫版)と同様、法藏館の丸山貴久氏にお世話いただくことになった。いずれも売れ筋とは対極にある書物ばかりであり、今回そこに本書を加えることになり、さらにご苦労をおかけすることになったように思う。あらためておわびを申し上げ、あとがきにかえたいと思う。

二〇二一年六月吉日

河内将芳

本書は二〇一九～二二年度日本学術振興会科学研究助成事業・基盤研究C・課題番号一九K〇九六七の研究成果の一部である。

河内将芳（かわうち　まさよし）
1963年生まれ。京都大学大学院博士課程修了。京都大学博士（人間・環境学）。奈良大学文学部教授。主な著書に『中世京都の都市と宗教』『祇園祭の中世』（思文閣出版）、『絵画史料が語る祇園祭』（淡交社）、『戦国仏教と京都』『室町時代の祇園祭』『信長が見た戦国京都』（法藏館）などがある。

改訂《かいてい》 祇園祭《ぎおんまつり》と戦国京都《せんごくきょうと》

二〇二一年　七月一七日　初版第一刷発行

著　者　河内将芳
発行者　西村明高
発行所　株式会社 法藏館
京都市下京区正面通烏丸東入
郵便番号　六〇〇-八一五三
電話　〇七五-三四三-〇〇三〇（編集）
〇七五-三四三-五六五六（営業）

装幀者　熊谷博人
印刷・製本　中村印刷株式会社

ISBN 978-4-8318-2624-4 C1121

法蔵館文庫既刊より

価格税別

さ-1-1
増補 いざなぎ流 祭文と儀礼
斎藤英喜著
高知県旧物部村に伝わる民間信仰・いざなぎ流。中尾計佐清太夫に密着し、十五年にわたるフィールドワークによってその祭文・神楽・儀礼を解明。
1500円

キ-1-1
老年の豊かさについて
キケロ著
八木誠一
八木綾子訳
老人にはすることがない、体力がない、楽しみがない、死が近い。キケロはこれらの悲観的通念を吹き飛ばす。人々に力を与え、二千年読み継がれてきた名著。
800円

た-1-1
仏性とは何か
高崎直道著
「一切衆生悉有仏性」。はたして、すべての人にほとけになれる本性が具わっているのか。日本仏教に根本的な影響を及ぼした仏性思想を明快に解き明かす。解説＝下田正弘
1200円

さ-2-1
アマテラスの変貌
中世神仏交渉史の視座
佐藤弘夫著
童子・男神・女神へと変貌するアマテラスを手掛かりに中世の民衆が直面していたイデオロギー的呪縛の構造を抉りだし、新たな宗教コスモロジー論の構築を促す。
1200円

て-1-1
正法眼蔵を読む
寺田透著
多数の道元論を世に問い、その思想の核心に迫った著者による「語る言葉（パロール）」と「書く言葉（エクリチュール）」の「講読体書き下ろし」の読解書。解説＝林　好雄
1800円

い-1-1

地　獄

石田瑞磨著

古代インドで発祥し、中国を経て、日本へとやってきた「地獄」。その歴史と、対概念として浮上する「極楽」について詳細に論じた恰好の概説書。解説＝末木文美士

1200円

く-1-1

王法と仏法

中世史の構図

黒田俊雄著

強靱な論理力で中世史の構図を一変させ、「武士中心史観」にもとづく中世理解に鋭く修正を迫った黒田史学。その精髄を示す論考を収めた不朽の名著。解説＝平　雅行

1200円

な-1-1

折口信夫の戦後天皇論

中村生雄著

戦後「神」から「人間」となった天皇に、折口信夫はいかなる可能性を見出そうとしていたのか。折口学の深淵へ分け入り、折口理解の新地平を切り拓いた労作。解説＝三浦佑之

1300円

あ-1-1

禅仏教とは何か

秋月龍珉著

仏教の根本義から、臨済宗・曹洞宗の日本禅二大派の思想と実践までを体系的に叙述。難解な内容を、簡潔にわかりやすくあらわした入門書の傑作。解説＝竹村牧男

1100円

ほ-1-1

増補
宗教者ウィトゲンシュタイン

星川啓慈著

ひとつの孤独な魂が、強靱な理性と「神との和解」のはざまで悩みぬく。新発掘の二つの『日記』等をめぐる考察を縦横にもりこんだ、宗教学からの独創的アプローチ！

1000円

ア-1-1・2

評伝　J・G・フレイザー

その生涯と業績　上・下（全二冊）

R・アッカーマン著
小松和彦監修
玉井　暲監訳

大著『金枝篇』で世界に衝撃を与えた人類学者の画期的評伝。研究一筋の風変わりな日常から、出版をめぐる人間模様、悪妻とも評された妻との結婚生活まで。未公開書簡や日記も満載。

各1700円

い-2-1
アニミズム時代
岩田慶治著
森羅万象のなかにカミを経験する。その経験の場とは。アニミズムそしてシンクロニシティ空間論によって自然との共生の方法を説く、岩田アニミズム論の名著。解説＝松本博之
1200円

か-1-1
信長が見た戦国京都
城塞に囲まれた異貌の都
河内将芳著
同時代史料から、「町」が社会集団として成熟していくさまや、戦国京都が辿った激動の軌跡を尋ね、都市民らの視線を通して信長と京都の関係を捉え直した斬新な戦国都市論！
900円

や-1-1
宗教とは何か
現代思想から宗教へ
八木誠一著
理性と言語による現実把握の限界をどう超えるか。ニーチェの生の哲学から実存主義、さらには京都学派の哲学までを総覧し、現代人のための宗教に至る道筋を鮮やかに指し示す。
1300円

つ-1-1・2
平安人物志
上・下（全二冊）
角田文衞著
考古学と文献史学を駆使した角田の博識と推理が冴え渡る、41篇の人物伝。緻密な分析で、平安朝を生きた人々の数奇な生涯を鮮やかに描き出した、歴史的名著。解説＝山田邦和
各1700円

か-2-1
インド人の論理学
問答法から帰納法へ
桂紹隆著
インド人の思考法は、観察から法則を導き出す帰納法的思考であった。事実に基づく論証法がインドでどのように展開したのか。その淵源を仏教の縁起の教えに見出した名著。
1300円

た-2-1
悟りと解脱
宗教と科学の真理について
玉城康四郎著
徹底した禅定実践と学問研鑽によって仏道を求め、かくして到達したブッダの解脱に基づき、一切の枠組みを超えた真理を究明する。稀有の求道者の最後の書。解説＝丘山　新
1000円

さ-3-1

ブッダとサンガ
〈初期仏教〉の原像

三枝充悳 著

一人のブッダから多くの仏が生まれたのはなぜか。サンガはどのように成立したのか。仏教の根本問題を論旨明快な叙述で解きほぐす、恰好のインド仏教史入門。解説＝丸井 浩

1100円

し-1-1

ポストモダンの新宗教
現代日本の精神状況の底流

島薗 進 著

一九七〇年代以降に誕生・発展した「新新宗教」の特徴を読み解き、「新新宗教」を日本・世界の宗教状況とリンクさせることで、現代宗教論に一つの展望を与えた画期的試み。

1200円

や-2-1

〈方法〉としての思想史

安丸良夫 著

安丸史学が対峙し、目指したものとは——。自身の研究や経験を回顧した論考・時評等を中心に収め、その思想的格闘の軌跡を示した歴史学徒必読の名著。解説＝谷川 穣

1300円

ア-2-1

英国の仏教発見

フィリップ・C・アーモンド 著
奥山倫明 訳

19世紀の英国人らによる仏教表象を分析し、西洋近代において、仏教が称賛や蔑視を交えながら「創造」されていく過程を、オリエンタリズムと宗教をめぐる観点から解明。

1300円

か-1-2

改訂 祇園祭と戦国京都

河内将芳 著

創作物を通じて戦国期の祇園祭に託された「権力に抵抗する民衆の祭」というイメージは実態に合うものなのか。イメージと史実を比較し、中世都市祭礼・祇園祭の実像に迫る。

1000円